Thomas Stoll

Sicher
durch die
Inflation

Stiftung
Warentest

Inhaltsverzeichnis

52
Pantoffel-Portfolio: Bequem, sicher und ertragreich

19
Zinsanlagen: Die besten finden – auch für den Notgroschen

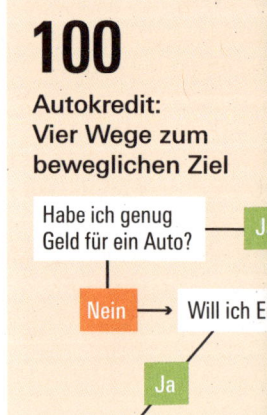

100
Autokredit: Vier Wege zum beweglichen Ziel

Habe ich genug Geld für ein Auto? — Ja

Nein → Will ich Ei

Ja

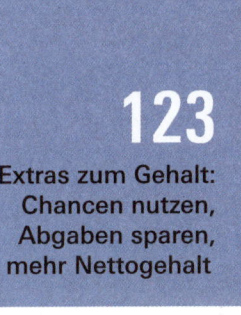

Was wollen Sie wissen?

Die Inflation ist zurück. Nachdem sie Jahrzehnte verschwunden war, macht uns die Geldentwertung jetzt nicht nur das Portemonnaie leer. Sie nagt auch an unseren Ersparnissen und verwandelt relativ niedrige Zinsen in ein immer größeres Minusgeschäft. Welche Maßnahmen Sie ergreifen sollten, lesen Sie in diesem Buch.

Muss mir die Inflation Sorgen machen?

Ja, Inflation betrifft uns alle. Egal ob Sie Arbeitnehmerin, Hausmann oder Unternehmer, Rentnerin oder Pensionär, Anlegerin oder Schuldner sind oder mehrere dieser Lebenssituationen in Ihrer Person vereinen. Denn Sie bekommen oder bezahlen Lohn und Zinsen, Sie beziehen vielleicht eine Rente oder Pension, und Sie haben Geld auf der hohen Kante oder schulden der Bank welches. Die Inflation greift tief in Ihre finanzielle Planung ein. Je höher die Geldentwertung, umso mehr. So halbiert eine Inflation von 5 Prozent den Wert Ihres Geldvermögens innerhalb von 14 Jahren (siehe dazu auch S. 15 „So nagt die Inflation am Ersparten"). Deshalb sollten Sie sich jetzt um Ihr Geld kümmern. Was Sie im Einzelnen tun können, um der Inflation zu begegnen, lesen Sie in diesem Buch. Sie erfahren, welche Geldanlagen sich bei Inflation am besten schlagen und was Sie tun können, um Ihr Gehalt aufzubessern. Der Aufwand lohnt. Denn es kann Jahre dauern, bis die Inflation wieder auf das Normalmaß sinkt.

Wie lege ich am besten Geld auf die hohe Kante?

Investieren Sie in Sachwerte. Wenn die hohe Inflation einen positiven Effekt hat, dann ist das der folgende: Anlegende können nun klarer als je zuvor erkennen, dass sie Geld vernichten, wenn sie ausschließlich auf Zinsanlagen vertrauen. Wer hingegen auf Sachwerte setzt, hat die Chance, der Inflation auszuweichen. Denn im Gegensatz zu Zinsanlagen, hinter denen nur ein Zahlungsversprechen der Schuldner steht, steckt hinter Sachwerten Substanz. Das trifft für Aktien ebenso zu wie für Immobilien und Gold. Aktien haben langfristig die besten Renditechancen. Wegen der Risiken sollten Sie keine Einzelaktien kaufen, sondern auf Fonds setzen, am besten auf weltweit anlegende Indexfonds, auch ETF genannt. Mehr ab S. 37 „Maßnahme 2: In Aktien-ETF investieren".

Was kann ich tun, wenn ich Risiken vermeiden will?

Risiken unter Kontrolle halten. Risiken zu vermeiden wäre der falsche Ansatz. Risiko und Rendite sind zwei Seiten derselben Medaille. Wer keine Risiken eingeht, erwirtschaftet keinen nennenswerten Ertrag. Es kommt vielmehr darauf an, genau das Risiko einzugehen, das zu Ihren Anlagezielen passt. Wer etwa eine zusätzliche Rente anspart, kann durchaus einen Teil des Geldes in Aktien-ETF investieren. Durch die vielen unterschiedlichen Aktien im ETF sinkt das Risiko. Weiter senken Sie das Risiko, indem Sie einen Sicherheitsbaustein einbauen, wie in den Pantoffel-Portfolios von Finanztest. Sie sind ertragreich und inflationssicher. Mehr lesen Sie in „Maßnahme 3: Richtig mischen" ab S. 51.

Ich möchte eine Immobilie kaufen. Ist das eine gute Idee?

Das kommt drauf an. Eine Immobilie, die Sie selbst bewohnen, ist ein Mittelding zwischen Geldanlage und langlebigem Konsumgut. Gut möglich, dass sie im Wert steigt, aber dafür gibt es keine Garantie. Als Inflationsschutz taugten Immobilien bisher nur langfristig. Vor dem Preisanstieg der letzten zehn Jahre mussten Eigentümer und Eigentümerinnen mitunter sogar Wertverluste hinnehmen. Andererseits steht Immobilieneigentum für Substanz und Gestaltungsfreiheit. Mehr zum Thema lesen Sie unter „Maßnahme 4: Betongold" ab S. 69.

Kann ich mich mit Goldbarren und Schmuck absichern?

Ja, aber das kann Geld kosten. Gold hat seit Jahrtausenden auch in Krisen niemals seinen Wert verloren. Insofern taugt es vermutlich auch zur Absicherung für den Extremfall, dass die Wirtschaft crasht und der Euro scheitert. Bleibt die Katastrophe aus, fällt die Prognose zwiespältig aus. Physisches Gold, zumal in Schmuckform und in kleinen Barren, ist – gemessen am Kilopreis – durch Aufschläge teuer, trägt keinen Zins und muss irgendwo sicher aufbewahrt werden, im Zweifel gegen Entgelt in einem Schließfach. Gold in Form von Wertpapieren, etwa Exchange Traded Commodities (ETC), vermeidet zwar diese Nachteile bis auf den fehlenden Zins. Aber ETC schneiden nicht unbedingt besser ab als weltweite Aktien-ETF. Deshalb empfiehlt Finanztest, nicht mehr als 10 Prozent des Vermögens in Gold zu investieren. Mehr zu Gold und weiteren Edelmetallen lesen Sie unter „Maßnahme 6: Bares für Rares" ab S. 103.

Ich habe gehört, Schulden sind gut bei Inflation. Stimmt das?

Nein, so pauschal nicht. Natürlich hilft die Inflation dabei, Kredite zu tilgen. Wenn die Kaufkraft des Euro sinkt, zahlen Sie gutes Geld mit schlechterem zurück. So müssen Sie für Kreditraten real weniger Geld aufwenden. Auch die Restschuld sinkt bei Geldentwertung, weil sie wie die Raten als konkreter Eurobetrag angegeben wird. Trotzdem ist Inflation im Kreditfall zweischneidig. Sinken etwa die Löhne real, wiegt die Rate am Ende genauso schwer wie vorher. Zudem sind viele Kreditnehmende auch Anlegende. Und es gelten weiter die guten alten Regeln: keine Konsumfinanzierung, bei denen der Kredit länger läuft als die Lebensdauer des finanzierten Gutes. Wichtig: keine Spekulation auf Pump! Mehr dazu „Maßnahme 5: Sich kontrolliert verschulden" ab S. 87.

Wie kann ich mein Gehalt aufbessern?

Verlagern Sie Kosten ins Brutto. Mehr Nettogehalt können Sie auf zwei Wegen erreichen. Erstens: Sie verhandeln gut und erhalten eine Lohnerhöhung. Dann haben Sie mehr Brutto und mehr Netto. Zweitens: Sie bestreiten private Kosten, die Sie sowieso haben, aus Ihrem Brutto und sparen so Steuern und Sozialabgaben. Beispiele dafür gibt es viele: vom Dienstwagen, Jobrad und Diensthandy bis zur betrieblichen Altersvorsorge und zum Fitnesskurs. Das Spannende am zweiten Weg: Ihr Arbeitgeber spart dabei mitunter ebenfalls Abgaben. Das öffnet bei Chefin und Chef Herzen und Geldbeutel. Eine Übersicht über gängige Modelle finden Sie unter „Maßnahme 7: Extras zum Gehalt" ab S. 123.

Was ist Inflation, und wie wirkt sie sich aus?

Wenn der Geldwert stabil ist, können Unternehmen und Kundschaft, Anlegende und Kreditnehmende verlässlicher kalkulieren als bei hoher Inflation. Sie erschwert die Planung, beeinträchtigt das Vertrauen in die Wirtschaft und gefährdet den Wohlstand.

Die Inflation ist zurück – und das nach fast 30 Jahren, in denen Preise und Kaufkraft relativ stabil waren. Die Geldentwertung betrug im Jahresdurchschnitt 2022 nach Angaben des Statistischen Bundesamts 7,9 Prozent. Das ist der höchste Wert seit Gründung der Bundesrepublik.

Inflation beeinflusst alle, die am Wirtschaftsleben teilnehmen. Unternehmen bezahlen mehr für die Vorleistungen, die sie zur Erstellung ihrer Produkte und Dienstleistungen brauchen. Konsumentinnen und Konsumenten sehen sich steigenden Preisen und einer schwindenden Kaufkraft ihres Einkommens gegenüber.

Abhängig Beschäftigte versuchen deshalb in Tarifverhandlungen höhere Löhne durchzusetzen, um diesen Verlust auszugleichen und künftige Kaufkraftminderungen abzufedern, was die Kosten für Unternehmen abermals erhöht. Wer in Zinspapieren anlegt, erleidet reale Vermögensverluste, wenn die Inflationsrate den nominalen Zins übersteigt. Auch die Aktienkurse können leiden, bis die Unternehmen sich an die neue Situation angepasst haben.

Das reale Zinsniveau in Deutschland

Wer in kurz laufende Zinsprodukte aus Deutschland investiert, verliert real schon seit Jahren Geld. Wie der Chart für einjährige deutsche Bundeswertpapiere zeigt, sind deren nominale Zinsen seit 2015 negativ. Rechnet man die Inflationsrate heraus, erhält man die realen Zinsen – die noch stärker im negativen Bereich lagen.

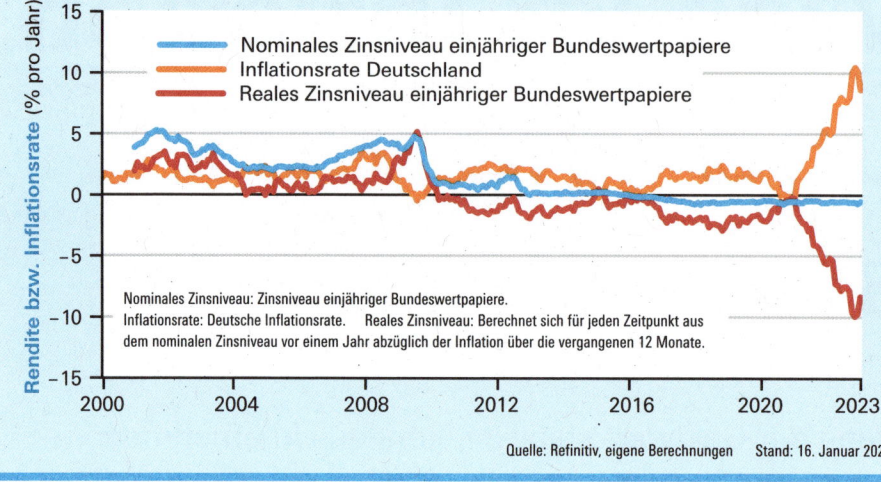

Nominales Zinsniveau: Zinsniveau einjähriger Bundeswertpapiere.
Inflationsrate: Deutsche Inflationsrate.   Reales Zinsniveau: Berechnet sich für jeden Zeitpunkt aus dem nominalen Zinsniveau vor einem Jahr abzüglich der Inflation über die vergangenen 12 Monate.

Quelle: Refinitiv, eigene Berechnungen   Stand: 16. Januar 2023

Im Zusammenspiel mit der auf Jahressicht niedrigen nominalen Verzinsung im Jahr 2022 ergab sich im Dezember aus der hohen Inflation ein negativer Realzins von minus 8,4 Prozent. Die möglicherweise auf die Zinsen anfallende Steuer ist dabei noch nicht einmal berücksichtigt. Sie verschlimmert das Ergebnis noch.

Unter Realzins versteht man den bei der Geldanlage erzielbaren Zins unter Berücksichtigung der Inflationsrate. Im Schaubild oben ist der historische Verlauf des realen Zinsniveaus auf der Basis von einjährigen Bundesanleihen abgebildet. Der künftige reale Zins von Anleihen lässt sich nicht bestimmen. Zwar sind bei Zinsprodukten meist die nominalen Zinsen für eine bestimmte Laufzeit bekannt, allerdings weiß niemand mit Sicherheit, wie sich die Inflationsrate künftig entwickeln wird.

Aktuell, mit Stand Januar 2023, sind die nominalen Zinsen auch für kurzfristige Zinsprodukte auf über 2 Prozent angestiegen. Falls die Inflation über das kommende Jahr zurückgeht, wird auch die reale Verzinsung nicht mehr so schlecht aussehen wie im Jahr 2022. Dennoch könnten selbst auf den am besten verzinsten Tages- oder Festgeldkonten die Ersparnisse weiterhin einer zumindest schleichenden Entwertung durch die Inflation preisgegeben sein.

Die Verantwortung für die deutlich gestiegene Inflationsrate allein bei der Europäischen Zentralbank (EZB) und ihrer lockeren Geldpolitik zu sehen greift allerdings zu kurz. Denn allein dadurch, dass die EZB bildlich gesprochen Geld druckt, steigt die Inflation noch nicht. Sie blieb bis 2020 niedrig, obwohl die EZB die Geldmenge bereits seit 2015 stark hatte ansteigen lassen.

Damit die Inflation die Wirtschaft erreicht, sind Preis- und ab der zweiten Runde auch Lohnerhöhungen auf breiter Front notwendig. Im aktuellen Fall spielten der extreme Anstieg der Energiepreise und die durch Corona zerbrochenen Lieferketten als Auslöser eine wichtige Rolle. Haushalte und Unternehmen bezahlen seitdem nicht nur für Energie, die sie in Form von Strom und Gas selbst verbrauchen, mehr. Es wurden und werden auch alle Produkte teurer, für deren Erzeugung Strom oder Gas notwendig ist – oder die generell aufgrund von Lieferschwierigkeiten knapp sind.

Wenn die Geldentwertung einsetzt, steigen also nicht nur einzelne Preise. Das ist in einer Marktwirtschaft völlig normal. Dort werden jeden Tag Preise erhöht, andere sinken dafür – Milch und Butter werden teurer, Mobilfunkpreise fallen. Inflation hingegen ist gekennzeichnet durch einen dauerhaften Anstieg des Preisniveaus insgesamt über viele Güter- und Warengruppen hinweg. Gemessen wird das mithilfe eines Warenkorbs mit 650 Konsumgütern. In ihm sind neben Nahrungsmitteln und Kleidung auch Mieten, Strom und Kosten für Mobilität und viele andere Güter enthalten. Das Statistische Bundesamt ermittelt monatlich mehr als 300 000 Preise für diese Güter und berechnet daraus einen Preisindex.

Dieser Verbraucherpreisindex ist eine Prozentzahl. Sie wurde per Definition für das Jahr 2015 gleich 100 gesetzt. Die Summe der Preise aller Güter im Warenkorb im Jahr wurde also auf 100 normiert, statt die Summe in Euro anzugeben. Das vereinfacht das Ablesen von relativen Preisveränderungen. Demnächst soll die Basis des Preisindex auf das Jahr 2020 geändert werden.

Bei Redaktionsschluss dieses Buchs im Januar 2023 lag der Index zum Stichtag 31. Dezember 2022 bei 117,7. Die Veränderungsrate des Verbraucherpreisindex zum Vorjahresmonat wiederum ergibt die Inflationsrate in Prozent.

ℹ **Ein anderes Wort für Inflation ist Teuerung.** Die Inflationsrate wird in Prozent ausgedrückt. Sie gibt an, wie stark Preise für Waren und Dienstleistungen in einem bestimmten Zeitraum – meist innerhalb eines Jahres – gestiegen sind. Bei einer Inflationsrate von 5 Prozent beispielsweise kostet ein repräsentativer Warenkorb am Jahresanfang 100 Euro, ein Jahr später 105 Euro. Das heißt: Die Kaufkraft von 100 Euro sinkt, Verbraucherinnen und Verbraucher können sich für den gleichen Geldbetrag weniger kaufen als noch zwölf Monate davor.

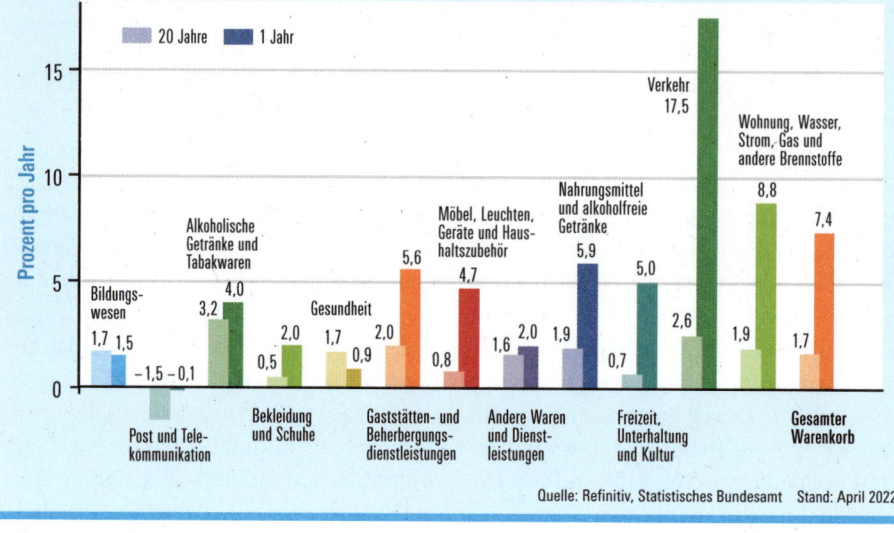

Inflationstreiber Energiepreise

Inflation wird mithilfe eines Warenkorbs gemessen. Nicht alle Warengruppen haben sich gleich stark verteuert, Post- und Telekommunikationsleistungen sind sogar günstiger geworden. Die Inflationstreiber sind die Energiepreise. Sie fließen direkt in die Segmente Verkehr und Wohnen ein.

Quelle: Refinitiv, Statistisches Bundesamt Stand: April 2022

→ Rechenbeispiel

Steigt der Index innerhalb von zwölf Monaten von 110 auf 115, ergibt sich daraus eine Inflationsrate von 4,5 Prozent nach folgender Formel: 115 dividiert durch 110 minus 1 mal 100.

Seit der deutschen Einheit, in deren Folge Zinsen und Inflationsrate in die Höhe schnellten, lagen die Inflationsraten in Deutschland bis auf wenige Ausnahmen in den Jahren 1997, 2001, 2007, 2008, 2011 und 2012 durchgängig unter 2 Prozent. Erst 2021 begannen die Ausreißer nach oben.

Ähnlich hoch wie derzeit war die Inflation zuletzt 1973/1974 im Zuge der Ölkrise. Die Grafik oben zeigt, wie stark die Preise im vergangenen Jahr gestiegen sind. Zum Vergleich ist die durchschnittliche jährliche Inflationsrate der vergangenen 20 Jahre dazu-

gestellt. Die größten Preissteigerungen sind in den Segmenten „Verkehr" und „Wohnung, Wasser, Strom, Gas und andere Brennstoffe" festzustellen.

Die Preissteigerungen im Segment „Verkehr" sind durch die gestiegenen Spritpreise unmittelbar nachzuvollziehen. Bei den Ausgaben für Wohnung, Wasser, Strom, Gas und andere Brennstoffe stellt sich die Frage, warum diese nicht noch stärker gestiegen sind, wo doch Strom-, Gas- und Immobilienpreise auf Rekordniveau geklettert sind.

Hier zeigt sich eine Besonderheit in der Messung: Der Warenkorb erfasst nur Mieten und keine Kaufpreise oder Darlehensraten für Wohnungen und Häuser. Und die Kaltmieten steigen, von Neuvermietungen abgesehen, aufgrund des gesetzlichen Mieterschutzes nur sehr langsam. Das dämpfte den Anstieg in diesem Segment.

Fachleute überrascht die hohe Inflationsrate nicht, denn sie zeichnete sich bereits im vorletzten Jahr ab: Die gewerblichen Erzeugerpreise, ein guter Frühindikator, schießen schon seit 2021 nach oben und hatten zum Beispiel im November 2022 um 28 Prozent gegenüber dem Vorjahresmonat zugelegt. Der Erzeugerpreisindex misst die Kosten, die Unternehmen für die Vorleistungen ihrer Produkte bezahlen. Die Erfahrung zeigt, dass mit einer Verzögerung von drei Monaten zirka ein Drittel der Steigerung der Erzeugerpreise im Verbraucherpreisindex ankommt.

Das könnte in der Spitze auch für 2023 eine hohe Inflationsrate deutlich über dem EZB-Ziel von 2 Prozent bedeuten. Die „Projektgruppe Gemeinschaftsdiagnose", die aus vier führenden deutschen Wirtschaftsforschungsinstituten besteht, prognostizierte im September 2022 in einem Gutachten im Auftrag der Bundesregierung für 2023 eine Inflation von 8,8 Prozent, die erst 2024 allmählich sinken wird.

Inflation – wem schadet sie, wem nützt sie?

Wer Schulden hat, kann von der Inflation profitieren. Den meisten Sparenden hingegen schadet sie. Für Haushalte mit Guthaben und Schulden sind die Effekte zwiespältig.

→ **Inflation schadet den meisten** Menschen mehr, als dass sie ihnen nützt. Zuerst einmal steigen die Lebenshaltungskosten für alle. Insbesondere die weniger Begüterten spüren das schon bald sehr deutlich. Auf Empfängerinnen und Empfänger von Arbeitslosengeld beispielsweise oder Rentnerinnen und Rentner kommen häufig unerwartet Mehrbelastungen zu. Vor allem dann, wenn ihr persönlicher Warenkorb von dem Korb des Statistischen Bundesamts abweicht und sie gerade die Güter verstärkt nachfragen, die sich besonders stark verteuert haben – zum Beispiel Strom, Gas und Kraftstoff.

Für Arbeitnehmerinnen und Arbeitnehmer können die Gewerkschaften in der nächsten Tarifrunde zwar eventuell einen

Inflationsausgleich erzielen. Sicher ist das allerdings nicht, und es besteht zudem die Gefahr der Lohn-Preis-Spirale: Unternehmen müssen die Preise erneut erhöhen, weil die Arbeit teurer geworden ist. Das frisst dann die Lohnerhöhung wieder auf.

Sparende und viele Firmen leiden

Sparende, die verzinsliche Forderungen halten, leiden ganz besonders. Betroffen sind Sparkonten, Tagesgelder, Festgelder, aber auch Fonds, die in Anleihen investieren, und klassische Lebensversicherungen. Erstens drückt die Inflation den realen Ertrag in den Keller, zurzeit sogar deutlich unter die Nulllinie. 2 bis 3 Prozent Zinsen bei 8 Prozent Inflation sind minus 4,6 bis minus 5,6 Prozent Realzins – das Guthaben wächst also nicht, es sinkt in Wirklichkeit. Zweitens nagt die Inflation auch am bereits angesparten Vermögen, also am Guthaben. 1000 Euro auf einem Sparkonto oder in einer Lebensversicherung sind bei 5 Prozent Inflation nach zehn Jahren real nur noch 614 Euro wert. Manche Vermögen werden durch Inflation also schleichend entwertet.

Auch die meisten Unternehmen haben unter der Inflation zu leiden, und das gleich mehrfach. Natürlich gibt es einzelne Firmen, die sich rechtzeitig und auf Termin billig am Energiemarkt mit Strom und Gas eingedeckt haben und jetzt mit dem Verkauf dicke Zusatzgewinne realisieren. Aber die Mehrzahl der Unternehmen bezahlt oft mehr für die Leistungen, die sie brauchen, um ihre Produkte herzustellen. Und die Erzeugerpreise sind oft noch größeren Schwankungen unterworfen als die Verbraucherpreise. Nicht immer gelingt es Unternehmen, die Preissteigerung vollständig an ihre Abnehmer weiterzugeben. Das reduziert die Margen und damit den Gewinn, was wiederum die Anteilseigner trifft, seien es Aktionäre oder die Familie eines Mittelständlers oder die Soloselbstständigen.

Inflation hilft Schuldnern

Alles, was für Anlegerinnen und Anleger sowie Unternehmen gilt, wirkt bei Schuldnerinnen und Schuldnern spiegelbildlich: Die Inflation hilft ihnen auf doppelte Weise, ihre Schulden zurückzuzahlen. Erstens sinkt

Berechnen Sie Ihre persönliche Inflationsrate. Sie haben den Eindruck, dass Sie mehr als die offizielle Inflationsrate an Kaufkraft verloren haben? Dann machen Sie den Test und berechnen Sie auf der Webseite des Statistischen Bundesamts Ihre ganz persönliche Inflationsrate: service.destatis.de/inflationsrechner/ .

So nagt die Inflation am Ersparten

So viel sind 1 000 Euro real nach … Jahren bei einer Inflationsrate von … % noch wert.

Jahre / Inflationsrate	1 %	2 %	3 %	4 %	5 %	6 %	7 %
1	990	980	971	962	952	943	935
2	980	961	943	925	907	890	873
3	971	942	915	889	864	840	816
4	961	924	888	855	823	792	763
5	951	906	863	822	784	747	713
6	942	888	837	790	746	705	666
7	933	871	813	760	711	665	623
8	923	853	789	731	677	627	582
9	914	837	766	703	645	592	544
10	905	820	744	676	614	558	508
15	861	743	642	555	481	417	362
20	820	673	554	456	377	312	258
30	742	552	412	308	231	174	131

der reale Wert ihrer monatlichen Kreditrate. Zweitens trägt die Inflation still und leise auch den Schuldenberg ab, der noch nicht getilgt ist. Denn wie Guthaben werden auch Kredite nominal in einer Währungseinheit, meist in Euro, beziffert.

Sinkt der reale Wert dieser Währung durch Inflation, dann zahlt das real ein Stück weit den Kredit ab. Am meisten profitiert der größte Schuldner im Land – der Staat. Für Haushalte und Unternehmen mit Schulden ist Inflation ein zweischneidiges Schwert: Erstens besitzen viele auch Guthaben, die durch die Inflation angegriffen werden. Zweitens müssen Beschäftigte wie oben erwähnt höhere Löhne und Unternehmen höhere Preise durchsetzen, um sie auszugleichen. Das gelingt nicht immer.

„Hohe Energiepreise treiben die Inflation"

Stephan Kühnlenz, wissenschaftlicher Leiter des Ressorts Geldanlage bei Finanztest.

Führende Wirtschaftsforscher sehen die Inflation für das Jahr 2023 bei fast 9 Prozent. Bleibt das jetzt so?

Schwer abzuschätzen. Wir werden uns wohl länger als gedacht mit einer hohen Inflation herumschlagen müssen. Was wir sofort gespürt haben, waren die hohen Energiepreise. Als Nächstes rollen dann die Preiserhöhungen der Produzentenseite auf uns zu. Die Erzeugerpreise sind im November 2022 gegenüber 2021 bereits um 28,2 Prozent gestiegen. Alle, die viel Energie brauchen wie Bäcker, werden ihre Produkte teurer machen müssen. Jetzt stehen Preise im Raum – 8 Euro für ein Brot –, die wären dramatisch. Im Moment müssen viele mittelständische Unternehmen an der Preisschraube drehen. Da ist dann auch der Staat gefordert, das kann der Markt allein nicht mehr richten.

Die EZB hat die Zinsen 2022 viermal angehoben. Was nützt das, wenn die Energiepreise weiter steigen?

Die Energiepreise direkt kann die Europäische Zentralbank (EZB) nicht beeinflussen. Aber sie kann versuchen, die Inflationserwartung zu dämpfen, um so auch eine Lohn-Preis-Spirale zu verhindern. Die Lohnabschlüsse liegen ja zurzeit bei 9 Prozent. Wenn man Löhne erhöht, werden auch Güter teurer – das heizt wiederum die Inflation an. Die EZB zeigt, dass sie willens ist, die Inflation zu bekämpfen. Mit höheren Zinsen wird sie die Wirtschaft einbremsen und dafür sorgen, dass die Inflation nicht ausufert.

Ist die Inflation die Folge der jahrelangen lockeren Geldpolitik?

So einfach ist es nicht. Die Theorie lautet zwar, dass irgendwann die Preise steigen müssen, wenn so viel Geld gedruckt wird. Aber tatsächlich hat es weitere Faktoren gebraucht, um diese Preissteigerungen auszulösen: den extremen Anstieg der Energiepreise zum Beispiel, die vielen Unterbrechungen der Lieferketten. Die Geldmenge auszuweiten alleine hat zumindest in der Vergangenheit nicht zu mehr Inflation geführt. Statt der Verbraucherpreise sind die Aktienkurse und die Immobilienpreise gestiegen. Das war sicherlich auch ein Effekt der lockeren Geldpolitik.

Steigende Zinsen sind schlecht für die Aktienmärkte, heißt es. Warum?

Es gibt zwei negative Effekte. Auf der einen Seite werden sichere Anlagen attraktiver. Es lohnt sich wieder mehr, beispielsweise in Festgeld zu investieren. Auf der anderen

Seite sind steigende Zinsen schlecht für die Konjunktur, weil die Unternehmen dann höhere Kosten haben, sich ihre Kredite zu finanzieren. Auf die mittlere bis lange Sicht bin ich allerdings optimistisch, dass sich die Aktienmärkte wieder stabilisieren.

Ist Festgeld bei steigenden Zinsen wieder besser als Tagesgeld?

Die Tagesgeldzinsen sind im Moment noch am wenigsten gestiegen. Ich würde zumindest schon mal auf Festgeld für ein bis drei Jahre setzen. Länger würde ich mich nicht festlegen, da bei längeren Fristen die zusätzlichen Zinserträge nicht hoch genug sind. Eine gute Idee könnte sein, das Geld auf verschiedene kürzere Laufzeiten zu verteilen. Das ist der Anfang einer Leiterstrategie. Leiter heißt, man teilt sein Geld in verschiedene Teilbeträge auf und legt die dann für unterschiedliche Zeiträume fest. Im Moment eben einen Teil für ein Jahr, einen für zwei und einen für drei Jahre. So kann man in Zukunft bei der Wiederanlage auch immer von höheren Zinsen profitieren. Ein bisschen was sollte man aber im Tagesgeld behalten, für alle Fälle.

Solange die Zinsen steigen, machen auch Rentenfonds Verlust. Wie kann ich denn nun mein Risiko streuen?

Mit Festgeld, das ist bereits attraktiver geworden. Man kann auch über Rentenfonds als Beimischung wieder nachdenken. Die Zinsen bilden einen Puffer für eventuelle Kursverluste. Wenn es zu weiteren Zinsanstiegen kommt, rutschen Anleihefonds erst einmal ins Minus. Bei extrem niedrigen Zinsen gab es keinen Puffer, bei negativen Zinsen erst recht nicht.

Auch Gold liegt im Minus, obwohl es als guter Inflationsschutz gilt.

Gold war attraktiv, als die Zinsen niedrig waren – da hat man durch Goldbesitz nichts verloren. Jetzt verliert man allein dadurch, dass Gold keine Erträge abwirft, schon wieder rund zweieinhalb Prozent pro Jahr – verglichen mit lang laufenden Anleihen des Bundes. Bei Gold spielt zudem eine Rolle, dass sein Preis in Dollar festgestellt wird. Auch früher haben die starken Wechselkursschwankungen den Goldpreis aus Eurosicht zeitweise stärker beeinflusst als die Entwicklung des Goldes selbst.

Wie viel muss ich jetzt mehr sparen, um die Inflation auszugleichen?

Tatsächlich wäre es gut, jetzt mehr zu sparen. Leider ist das nicht immer möglich, da die Inflation ja weniger vom verfügbaren Einkommen übrig lässt. In der Theorie könnten die höheren Sparraten den Kaufkraftverlust in der Zukunft ausgleichen. Statt 100 Euro 110 Euro zu sparen, das wäre die richtige Devise. Viele sparen jetzt aber eher weniger. Umso wichtiger ist die richtige Struktur der eigenen Geldanlage, zu der außer sicheren Zinsprodukten auch breit streuende Aktienfonds gehören – zum Beispiel ETF auf den MSCI World. Denn wenn das Portfolio langfristig eine positive reale Rendite abwirft, schützt man sich optimal vor Geldwertverlust.

Maßnahme 1: Die besten Zinsen sichern

Die Zinsen fürs Sparen, Anlegen und für die Altersvorsorge sind stetig gesunken. Nun geht's wieder bergauf. Doch Inflation und Steuern fressen die Erträge. Hier erfahren Sie, wie Sie den Schaden begrenzen können.

Die meisten Haushalte müssen eine finanzielle Reserve für unvorhergesehene Ausgaben vorhalten. Wenn das Auto oder die Waschmaschine defekt ist, sollten die Reparaturkosten gedeckt sein, denn die wenigsten können auf sie lange verzichten. Aber dafür das Girokonto zu überziehen wäre eine teure Lösung.

Die Empfehlung lautet daher: Zwei bis drei Nettogehälter sollten für solche Fälle kurzfristig verfügbar sein. Geeignet sind dafür zum Beispiel Tagesgeldkonten, kurz laufende Festgelder und – mit Einschränkungen – auch Sparbücher mit marktüblichen Konditionen. Sparerinnen und Sparer können alle 30 Tage bis zu 2000 Euro ohne Kündigung abheben. Höhere Beträge müssen 3 Monate vorher gekündigt werden.

Obwohl die höchsten Zinsen bei Tagesgeldern im Januar 2023 bei nur 2 Prozent pro Jahr liegen, führt um sie kein Weg herum. Festgelder werden wieder attraktiver, wenn die Zinsen weiter steigen.

Keine gute Lösung ist es, den Notgroschen in Fonds zu parken, die Aktien enthalten. Denn es kann passieren, dass die

Waschmaschine just dann den Geist aufgibt, wenn auch die Börse gerade im Keller ist. Wer dann verkaufen muss, verliert Geld. Deshalb lautet die Aufgabe: aus der misslichen Lage das Beste herausholen, auch wenn der Ertrag nach Abzug von Inflation und Steuer negativ sein wird.

66 Kaum ein Haushalt kann es sich leisten, Geld zu 100 Prozent in Aktien anzulegen.

———

Verzinsliche Anlagen sind noch aus einem zweiten Grund sinnvoll: Kaum ein Haushalt kann es sich leisten, sein Geld zu 100 Prozent in Aktien anzulegen. Denn wenn die Börsen abstürzen, kann das Guthaben im Extremfall auch einmal unter die Summe der eingezahlten Beiträge fallen. Das würden nicht alle Anlegenden durchstehen, einige würden dann in einer Panikreaktion alles verkaufen und viel Geld verlieren. Das kann kaum passieren, wenn sie vorher ausreichend Zinsanlagen beigemischt haben. Selbst wenn das Kapital 30 Jahre nicht angepackt wird und Verluste einfach ausgesessen werden, wird man beim Übergang in die Rente in schwankungsärmere Anlagen umschichten wollen.

In diesen Fällen sind Anleihen sowie solche Fonds, die überwiegend Anleihen enthalten, neben Tages- und Festgeldern das Mittel der Wahl. Bei Anleihen gibt es etwas mehr Zins, wenn Anlegende bereit sind, mehr Risiko einzugehen. Zudem stehen auch inflationsgeschützte Anleihen zur Verfügung. Sie packen die Inflationsrate auf die Verzinsung drauf und neutralisieren den Kaufkraftverlust so.

Die Altersvorsorge leidet oft massiv unter der Inflation

Das dritte Feld, auf dem Zinsanlagen eine große Rolle spielen, ist die Altersvorsorge. Sowohl in klassischen privaten Vorsorgeformen wie der immer noch weit verbreiteten Kapitallebensversicherung als auch in Riester- und Rürup-Renten und der betrieblichen Altersvorsorge stecken weit überwiegend verzinsliche Anlagen, sofern es sich nicht um fondsgebundene Versicherungen handelt, die in Aktienfonds anlegen. Hier zeigt sich der verheerende Effekt einer hohen Inflationsrate ganz besonders: Sie frisst nicht nur am Ertrag, sondern knabbert auch unablässig am bereits angesparten Kapital.

Deshalb lohnt es sich hier besonders, zu optimieren, auch wenn die Freiheitsgrade oft gering sind: Eine klassische Kapitallebensversicherung zum Beispiel darf gar nicht überwiegend in Aktien anlegen, weil sie sonst ihre Garantiezinsversprechen nicht mehr halten kann. Und bei der betrieblichen Vorsorge bestimmt der Arbeitgeber, welche Vorsorgeform er wählt. Davon hängt ab, wie das Geld angelegt wird. Aber einen Versuch ist es wert.

Zinsprodukte prüfen und optimieren

Welches Produkt soll es bei Tages- oder Festgeldern sein? Machen Sie den Schnellcheck:

☐ Bei Vermittlern oder Zinsportalen: Ist der Anbieter seriös?

☐ Welche Einlagensicherung bietet die Bank?

☐ Befindet sich der Sitz des Instituts in einem Land mit hoch bewerteter Wirtschaftskraft?

☐ Kommt es bei Zinszahlung zu einem Quellensteuerabzug?

☐ Landen die Zinsen auf dem Anlagekonto oder auf dem Verrechnungskonto?

☐ Werden die Zinsen jährlich gutgeschrieben und mitverzinst oder jährlich ausgezahlt?

☐ Erfolgt die Auszahlung der Zinsen am Ende der Laufzeit?

☐ Kann ich einen Freistellungsauftrag erteilen?

☐ Erfolgt die Besteuerung der Zinsen jährlich oder am Ende der Laufzeit?

☐ Könnte der Sparerpauschbetrag überschritten werden?

Gerade weil die Zinsen derzeit steigen, lohnt es sich, regelmäßig nach dem besten Angebot Ausschau zu halten.

☐ Tragen Sie sich fixe Termine in den Kalender ein, zu denen Sie die Zinskonditionen überprüfen.

☐ Sie können Ihre Tages- und Festgelder einfach über Zinsportale wie weltsparen.de oder check24.de verwalten. Diese Portale vereinfachen die Umschichtung.

☐ Aber Vorsicht: Die Zinsportale listen auch Angebote auf, die in den Listen der Stiftung Warentest ausgeschlossen wurden. Deshalb immer unter test.de/zinsen den Gegencheck machen, bevor Sie über das Zinsportal umschichten.

☐ Die betriebliche Vorsorge und Kapitallebensversicherungen überprüfen Sie, wenn die jährliche Standmitteilung kommt, Ihr Arbeitgeber ein neue Vorsorge einführt oder Sie den Job wechseln.

Sichere Orte für den Notgroschen

Es gibt bessere Möglichkeiten als das Sparbuch, um Notfallreserven sicher und verfügbar anzulegen. Den Ertrag können Sie durch die Wahl des richtigen Anbieters optimieren.

Bei der Filialbank um die Ecke gibt es immer noch meist nicht bedeutend mehr als 0 bis 0,5 Prozent Zinsen für die Geldanlage in sichere Sparprodukte. Sparer, die noch etwas für ihr Geld bekommen wollen, müssen sich an Onlinekonten bei meist ausländischen Banken gewöhnen. Das ist aber kein Problem: Ein Onlinekonto bei einer EU-Bank ist bei Anlagesummen bis 100 000 Euro nicht weniger sicher als das Konto bei der Filialbank. Es spricht also nichts dagegen, ein zusätzliches Konto zum Geldparken zu eröffnen. Und wer mehr als 100 000 Euro anzulegen hat, verteilt das Geld einfach auf mehrere Banken.

Sparbücher können nichts besser als Tagesgelder oder Festgelder, sie bringen auch nicht mehr Zins, sondern nur ein zusätzliches Problem: Wer mehr als 2 000 Euro im Monat abheben will, muss vorher kündigen oder Strafzinsen bezahlen. Sparbücher braucht heute außer bei Mietkautionen kein Mensch mehr, es sei denn, die Oma will dem Enkelkind feierlich ein gedrucktes und gebundenes Sparbuch überreichen.

Tagesgelder hingegen sind, wie der Name sagt, börsentäglich verfügbar, und zwar in unbegrenzter Höhe und ohne Kündigungsfristen. Bei Festgeldern ist das anders. Hier haben Kundinnen und Kunden erst dann wieder Zugriff, wenn die fest vereinbarte Laufzeit vorüber ist. Im Unterschied zu Tagesgeldzinsen und Sparbuchzinsen, die sich ändern können, darf der Festgeldzins

Immer die besten Zinsangebote finden – mit der Stiftung Warentest ist das einfach. Unter test.de/zinsen erhalten Sie den aktuellen Überblick über Tagesgelder, Festgelder, Sparbriefe und ethisch-ökologische Zinsanlagen. Insgesamt finden Sie dort mehr als 600 Angebote für verschiedene Laufzeiten.

während der Laufzeit der Anlage weder erhöht noch verringert werden. Alle drei Produkte werden von vielen Banken und Sparkassen angeboten.

Bei aktuellen Konditionen fragen sich Sparerinnen und Sparer, warum sie sich überhaupt noch die Mühe machen sollen, das Geld anzulegen. Auf dem Girokonto bringt es meist auch nicht viel weniger. Aber es gibt drei gute Gründe:

1. **Die Notfallreserve:** Ein Tagesgeldkonto für den Notgroschen ist immer sinnvoll. Es empfiehlt sich, zwei bis drei Nettogehälter dort zu parken. Das Geld liegt dort getrennt vom Girokonto, ist dem Haushaltsbudget also entzogen und trotzdem jederzeit verfügbar.

2. **Der Kaufwunsch:** Auch ein fester Betrag, der in den nächsten Monaten oder Jahren gebraucht wird, etwa für den Kauf eines Autos oder einer Immobilie, sollte nicht in Anlagen mit deutlichen Kursschwankungen gesteckt werden. Fürs Zielsparen sind Festgeld- oder Tagesgeldkonto auch hier die passende Wahl. Für Aktienfonds sind zehn Jahre Mindestlaufzeit ratsam, damit genug Zeit bleibt, Börsencrashs auszusitzen.

3. **Der Sicherheitsbaustein:** Beim langfristigen Vermögensaufbau sind zwar Angebote mit hohen Renditechancen wie Aktienfonds empfehlenswert. Ein Teil des Vermögens sollte aber so angelegt sein, dass der Wert wenig schwankt.

Auch da eignen sich Tages- oder Festgeld. Diesem Prinzip folgt unser Pantoffel-Portfolio, siehe „Richtig mischen" ab S. 51. Es kombiniert Zinsanlagen und Aktienfonds.

Angebote von Zinsportalen

Anstatt ständig Zinsen zu vergleichen und zum besten Anbieter zu wechseln, gibt es einen scheinbar besseren Weg – Verbraucherinnen und Verbraucher können ihr Geld über ein Zinsportal verwalten, etwa über Weltsparen.de, Check24.de und Zinspilot.de. Sie bieten einen Service, der verlockend klingt und bestechend einfach zu sein scheint. Anstatt selbst jedes Mal ein neues Konto bei einer Bank eröffnen zu müssen, wenn sie den Anbieter wechseln möchten, transferieren Sparende das Geld einfach im Zinsportal selbst von einer Partnerbank des Portals zur nächsten. Den Anstoß dafür geben die Portale über E-Mails, die Sparenden Zinsveränderungen mitteilen.

Die Bequemlichkeit birgt allerdings Risiken: So empfehlen die Portale beispielsweise auch Anbieter aus Bulgarien, Lettland, Litauen, Portugal oder Griechenland, die sich nicht für unsere Vergleichsliste unter test.de/zinsen qualifiziert haben. Denn bei diesen wird ausländische Quellensteuer abgezogen, die sich Anlegende dann über die deutsche Steuererklärung wiederholen müssen, was Zusatzaufwand bedeutet. Vor allem hält Finanztest die dortige Einlagensicherungen derzeit für nicht gut genug.

Nachhaltig handeln

Sie möchten Ihr Tagesgeld oder Festgeld bei einer Bank anlegen, die nachhaltig agiert – also in ihrer Geschäftstätigkeit auf ökologische und soziale Kriterien achtet? Die unter anderem keine Rüstung, keine Kernkraft, keine Pornografie und keine Kinderarbeit finanziert und auf fairen Arbeitsbedingungen besteht? Auch das ist möglich. Die Konditionen dieser Institute liegen allerdings auf dem Niveau von Filialbanken. Mit den Direktbanken und Auslandsbanken können sie in der Regel nicht mithalten. Unter test.de/zinsen finden Sie auch einen Vergleich dieser nachhaltigen Angebote.

Vorsicht vor mangelnder Einlagensicherung und Betrügern

Die Einlagensicherung in der Europäischen Union (EU) ist national organisiert. Es gibt derzeit noch keine gemeinsame Haftung. Reicht die Einlagensicherung nicht aus, müsste das entsprechende Land mit seiner Wirtschaftskraft einspringen. Angebote von Banken aus EU-Ländern und Ländern des Europäischen Wirtschaftsraums (EWR), die nicht von allen drei großen Ratingagenturen Fitch, Moody's und Standard & Poor's eine Topbewertung für ihre Wirtschaftskraft erhalten haben, empfiehlt Finanztest nicht: Es gibt Bedenken, ob diese Länder im Falle einer größeren Bankenpleite Anleger zeitnah entschädigen könnten.

Finanztest vergleicht regelmäßig Angebote und veröffentlich die Ergebnisse im Internet unter test.de/zinsen. Um das Prädikat „Dauerhaft gut" zu erhalten, muss ein Tagesgeldkonto in den vergangenen 24 Monaten mindestens 22 Mal zu den 20 besten Angeboten gehört haben. Die Testerinnen und Tester prüfen alle Zinsangebote auf bedenkliche Nebenbedingungen – und nehmen Angebote mit verbraucherunfreundlichen Konditionen gar nicht erst in die Datenbank auf. Dazu gehören Lockangebote mit kurzen Laufzeiten oder niedrigen Anlagebeträgen, Angebote mit Zusatzkosten und sogenannte Kombiprodukte, bei denen üblicherweise nur die Hälfte des Anlagebetrags in eine kurzfristige Zinsanlage fließt – und die andere Hälfte in Investmentfonds.

Zudem kommen nur Zinsangebote von Instituten in den Vergleich, bei denen eine ausreichende Einlagensicherung für den Pleitefall gewährleistet ist. So berücksichtigen die Testerinnen und Tester zum Beispiel nur Banken aus wirtschaftsstarken EU- und EWR-Staaten sowie Großbritannien.

Leider hat der Anlagenotstand durch die Niedrigzinsen auch vermehrt Betrüger auf den Plan gerufen. Diese operieren mit scheinbar attraktiven Offerten, die online beworben werden.

Finanztest führt im Internet unter test.de/geldanlage-betrueger eine Liste der dubiosen Angebote, die einmal im Monat aktualisiert wird. Liegt der Zins für ein Festgeldangebot über marktüblichen Zinsen, sollten Sie vorsichtig sein. Hier handelt es sich oft um betrügerische Angebote von Vermittlern, die vorgeben, mit Banken aus der EU zusammenzuarbeiten, die unter die EU-Einlagensicherung fallen.

Wird das Festgeld weder von einer Bank mit Banklizenz noch von einem Zinsportal mit deutscher Korrespondenzbank angeboten, handelt es sich oft um riskante Beteiligungen an Unternehmen oder um Betrug. Dubiose Angebote kommen meist von Firmen aus dem Ausland. Finanztest ist derzeit kein seriöser Festgeldvermittler bekannt, der seinen Sitz außerhalb Deutschlands hat. Schauen Sie daher auf der Webseite des Unternehmens stets ins Impressum.

Neuerdings werden von Betrügern aber auch deutsche Adressen verwendet. Gibt man diese in eine Suchmaschine ein, landet man häufig bei Anbietern von Büroräumen, Coworking-Arbeitsplätzen und virtuellen Büros – vertrauenswürdige Anbieter meiden solche Adressen als Firmensitz.

Regelmäßig sind Abzockerfirmen im Internet unterwegs, die Sparerinnen und Sparern Verträge mit gefälschten Bankenlogos zusenden. So etwa die Sweuk Consulting, die Verträge mit dem Logo der Bank HSBC aus Großbritannien verschickte, oder die Firma Eurozins aus Stockholm, deren Fest-geldverträge das Logo der SEB Bank zierten. Beide Banken hatten auf Nachfrage angegeben, diese Verträge nicht zu kennen.

Festgeldanlagen bei einer Bank sollten immer mit einer Kontoeröffnung auf den Namen des Anlegers oder der Anlegerin einhergehen. Es reicht nicht, einen Kontoeröffnungsantrag auszufüllen, der von einem Vermittler stammt. So zockte das Portal Sparpiloten trickreich ab, indem es interessierten Menschen Verträge bei der Swedbank in Schweden anbot, sich das Geld dafür aber auf ein Konto der Schweizer Firma Elektronik Service AG überweisen ließ. Als die Staatsanwaltschaft einschritt, war das Portal nicht mehr erreichbar, und die Konten waren leer geräumt. Die Bank selbst kannte die Verträge nicht.

Beste Zinsen von sicheren Anbietern

Nutzen Sie deshalb am besten den Zinsvergleich unter test.de/zinsen. So schließen Sie aus, auf Betrüger hereinzufallen. Es lohnt sich, diesen Vergleich alle drei bis sechs Monate zu wiederholen und den Anbieter zu wechseln, falls es bei der Konkurrenz höhere Zinsen und mindestens gleich gute Vertragsbedingungen gibt.

Das ist auch deshalb notwendig, weil sich die Zinsen im Zeitverlauf bei Tagesgeldern ändern können. Beim Festgeld sind sie zwar garantiert, aber der Vertrag wird häufig am Laufzeitende zu den dann gültigen Konditionen verlängert, wenn sich Anlegende nicht rechtzeitig melden. Deshalb sollten Sie sich Ihren Überprüfungstermin im Kalender eintragen und auch der Verlängerung eines Festgeldes frühzeitig widersprechen, da Ihr Anbieter sonst automatisch verlängert und die Laufzeit weiterführt.

▶ **Sie möchten wissen,** bis zu welcher Höhe Ihre Einlage bei einer Bank abgesichert ist? Wo Spargeld in Europa gut gesichert ist, zeigt Ihnen unser Rechner unter test.de/eurosparen-sicher. Hier können Sie ermitteln, wie hoch die Entschädigungssumme maximal wäre.

Mit Anleihen ist derzeit kein Staat zu machen

Lange gehörten Anleihen in jedes gut gemischte Portfolio. Das Tagesgeld läuft ihnen in der Niedrigzinsphase den Rang ab. Mehr Ertrag gibt es nur um den Preis eines höheren Risikos.

Für Anleihen gilt im Prinzip dasselbe wie für Tages- und Festgelder: Die laufenden Erträge, die Anlegende mit ihnen erwirtschaften können, fallen der Inflation und der Steuer zum Opfer. Und die Geldentwertung knabbert auch am angelegten Kapital und entwertet es. Aber es gibt auch wichtige Unterschied: Während Tages- und Festgelder auf Konten bei Banken verwahrt werden, ist die Anleihe eine Schuldverschreibung, die als Wertpapier an der Börse gehandelt werden kann. Anleihen werden manchmal auch als Renten oder Rentenpapiere bezeichnet. Sie haben aber nichts mit der Rentenversicherung zu tun.

Schuldner einer Anleihe sind meist Staaten oder Unternehmen. Sie bringen die Anleihe mithilfe einer Bank auf den Kapitalmarkt. Der Gläubiger erwirbt die Anleihe bei Ausgabe oder später zum Kurswert und erhält dann regelmäßig die vereinbarten Zinsen auf den Nennwert. Das ist der Kupon. Kurswert und Nennwert stimmen nur zufällig überein. Der Kurswert einer Anleihe steigt, wenn die Marktzinsen fallen, und umgekehrt. Anlegende, also die Gläubiger, können die Anleihe jederzeit zum Kurswert verkaufen oder bis zum Ende der Laufzeit halten. Als Rückzahlung erhalten sie bei Laufzeitende den Nennwert.

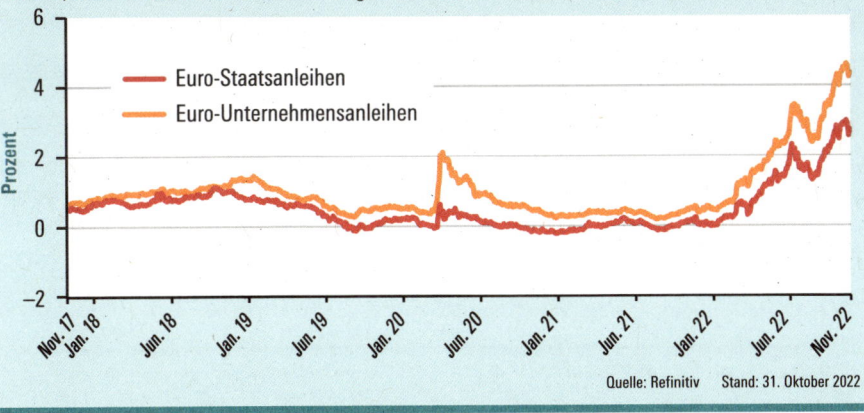

Die Renditen steigen wieder

Die durchschnittlichen Anleihenzinsen, die sich in den Endfälligkeitsrenditen widerspiegeln, steigen wieder, wobei Unternehmensanleihen wegen des höheren Risikos besser rentieren als Staatsanleihen.

Euro-Staatsanleihen
Euro-Unternehmensanleihen

Quelle: Refinitiv   Stand: 31. Oktober 2022

Solange die Zinsen im Sinkflug waren, stiegen die Kurse der Anleihen, und auch wer Anleihefonds oder einen ETF auf einen Anleihen-Marktindex besaß, durfte sich freuen. Seit die Zinsen wieder steigen, haben sich die Vorzeichen ins Gegenteil verkehrt: Die Kurse sinken und die Anteilspreise der Fonds und ETF mit ihnen.

Schon im Sommer 2021 hatte Finanztest empfohlen, über einen Verkauf nachzudenken – nicht nur wegen der Gefahr steigender Zinsen, auch bei stagnierendem Zinsniveau hätten sich Rentenfonds nicht mehr gerechnet. Seit Ende Januar 2020 hatte Finanztest zudem die regelmäßige Erhebung der Konditionen von Bundeswertpapieren eingestellt, weil diese keinen oder gar einen negativen Ertrag versprachen.

Das stellt Anlegerinnen und Anleger vor ein Problem: Nur die wenigsten können komplett auf Zinspapiere verzichten, weil diese die größeren Schwankungen des Aktienmarktes bisher gut abfangen konnten. Nicht umsonst lautet eine alte Börsenweisheit: „Aktien muss man sich leisten kön-

nen." Gemeint ist: Selbst wenn die Anlage in Aktien langfristig die höchsten Erträge verspricht, so müssen Anleger auch damit klarkommen, dass die Börse immer wieder mal einbricht, und zwar drastisch. Anleihen schwanken weniger stark im Kurswert und glätten deshalb die Kapriolen der Aktienkurse, wenn das Mischungsverhältnis zwischen Aktien und Anleihen stimmt (mehr dazu unter „Richtig mischen" ab S. 51, Konzept Pantoffel-Portfolio).

Folgende Strategien versprechen Zinsanlegenden eventuell Abhilfe:

❶ Wenn Sie Anleihen, Anleihefonds oder Anleihen-ETF besitzen, können Sie diese in Tages- und Festgelder umschichten. Was dabei zu beachten ist, haben Sie bereits im vorigen Abschnitt „Sichere Orte für den Notgroschen" ab S. 22 gelesen. Als Alternative bieten sich Anleihen, Anleihefonds und Anleihen-ETF mit einem höheren Risiko an. Diese sind oder enthalten Schuldverschreibungen von Staaten mit einer schlechteren Kreditwürdigkeit und

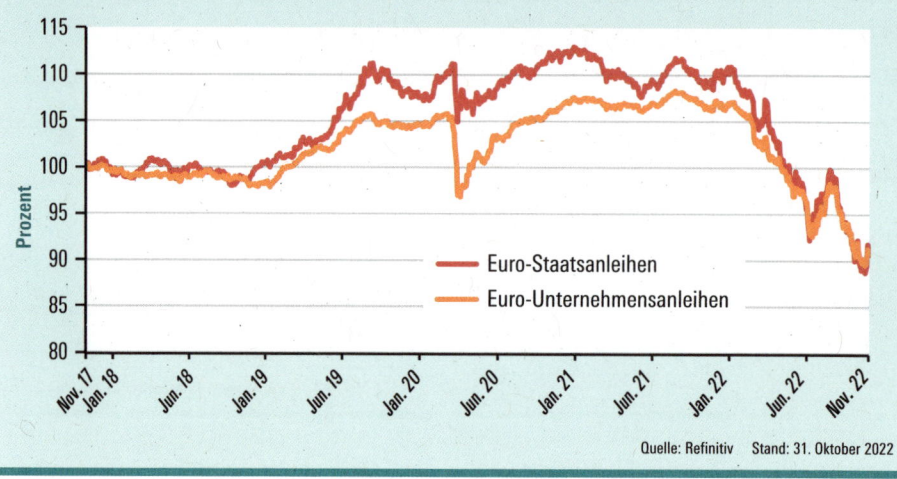

Wenig Freude mit Anleihen

Auch über mehrere Jahre hinweg enttäuschte die Wertentwicklung von Staats- und Unternehmensanleihen.

Prozent

— Euro-Staatsanleihen
— Euro-Unternehmensanleihen

Quelle: Refinitiv   Stand: 31. Oktober 2022

Unternehmensanleihen, die es in allen Bonitätsstufen gibt. Je niedriger die Kreditwürdigkeit, desto höher der Zins.

2 **Daneben gibt es sogar inflationsgeschützte Anleihen**, bei denen Anlegende stets für die aktuelle Inflation entschädigt werden. Der Effekt der Geldentwertung wird so neutralisiert. Diese Anleihen gibt es auch von der Bundesrepublik Deutschland, allerdings mit niedrigem Kupon – am Ende dieses Kapitels erfahren Sie dazu mehr.

3 **Da die Zinsen in den USA** höher sind, sehen manche Anleger auch ein Investment in auf US-Dollar lautende Anleihen als Ausweg. Das ist aber langfristig keine Lösung, da der Wechselkurs den Zinsvorteil langfristig wieder zunichtemacht.

Wer sich für Alternative 1 entscheidet, sollte wissen: Mehr Risiko durch Abstriche bei der Güte der Anleihe steht nicht unbedingt im Einklang mit dem Ziel, Schwankungen aus dem Aktienanteil des Portfolios zu glätten. Wenn Sie kein Risiko bei der Geldanlage eingehen wollen, sollten Sie nur Tagesgeld oder Festgeld wählen, das durch eine leistungsfähige Einlagensicherung geschützt ist. Mit Anleihen von Unternehmen, dazu gehören auch die von Banken gerne verkauften Anlagezertifikate, gehen Sie zum Teil erhebliche Risiken ein.

Allgemein gilt bei Anleihen: Je höher die Rendite von Anleihen, desto mehr ähnelt ihr Risiko dem von Aktien. Beispielhaft erläutert sei dies an den Fußball-Anleihen, die Werder Bremen und Schalke 04 im Sommer 2021 auf den Markt brachten. Anleihen von Fußballklubs können mit jährlichen Zinsen von oft mehr als 5 Prozent lukrativ sein. Eine sichere Geldanlage sind sie nicht. Wie alle Unternehmensanleihen bergen sie viele Risiken. Denn die künftige finanzielle Entwicklung eines Fußballklubs lässt sich kaum prognostizieren. Sie hängt von vielen

Faktoren ab. Neben dem sportlichen Abschneiden spielen etwa die Weiterentwicklung von Spielern, das richtige Händchen bei Transfers oder Zusagen von Investoren eine Rolle. Geht der Verein pleite, droht Anlegerinnen und Anlegern ein Totalverlust.

Kaum anders ist es bei Anleihen aus dem Mittelstand: Nach einer von der Unternehmensberatungsgesellschaft Capmarcon erstellten Statistik hat der Mittelstand seit 2010 sogenannte Publikumsanleihen im Volumen von knapp 11 Milliarden Euro platziert. Bei jeder vierten Anleihe geht nach bisherigen Zahlen etwas schief: Die Herausgeber können entweder die Zinsen nicht mehr bezahlen oder den Einsatz der Sparer nicht erstatten – mitunter geschieht auch beides. Der Erwerb eines ETF auf einen Unternehmensanleihen-Index ist kein Ausweg, denn seit die Zinsen wieder steigen, fallen die Preise dieser ETF.

Da erscheint die inflationsgeschützte Anleihe (siehe auch Tabelle S. 156) wie ein Rettungsanker in der Not. Sie werden oft etwas flapsig als „Linkers" bezeichnet, weil der englische Name „inflation-linked bonds" lautet. Und tatsächlich entschädigen Linkers die Anlegerinnen und Anleger für die Inflation. Bei manchen geschieht das während der Laufzeit der Anleihe regelmäßig mit der Zinszahlung. Andere zahlen den Inflationsausgleich in einem Betrag am Ende der Laufzeit zusätzlich zum Nennwert. Das klingt wie die Lösung aller Zinsprobleme, aber dabei ist zu beachten:

HÄTTEN SIE'S GEWUSST?

Ob Sie besser Anleihen mit festem Zins oder inflationsgeschützte Anleihen kaufen, lässt sich mit der sogenannten **Break-even-Inflationsrate** berechnen.

Dabei vergleichen Sie die Anleihe mit Inflationsausgleich und eine Anleihe ohne Inflationsausgleich bei gleicher Laufzeit:

$$\text{Break-Even-Inflationsrate} = \frac{1 + \text{Nominalrendite}}{1 + \text{reale Rendite}} - 1$$

Der Wert, den Sie erhalten, gibt an, bei welcher Inflationsrate beide Papiere Ihnen den gleichen Ertrag bringen.

Rechnen Sie in den kommenden Jahren mit einer höheren Inflationsrate, ist eine inflationsgeschützte Anleihe besser.

Quelle: Finanztest

HÄTTEN SIE'S GEWUSST?

Das Universum der **Bundesanleihen** komplett in Zahlen aufgedröselt: Der Bund hat Anleihen im Wert von **1 193 Mrd. Euro**[*] im Markt. Bundesanleihen machen rund 69 Prozent[*] der Bundesverschuldung aus.

6,5 Prozent der Bundesanleihen sind inflationsgeschützt. Alle Bundesanleihen haben die höchste Bonitätsstufe AAA.

Die durchschnittliche Rendite beträgt 2,09 Prozent.[**] Neue Bundesanleihen laufen ab Herausgabe 7, 10, 15 oder 30 Jahre.

[*] Zum 30. November 2022
[**] Umlaufrendite zum 18. Januar 2023

1 **Der Kupon** (so wird der Zinssatz bei Anleihen genannt) der Linkers ist niedriger als die Kupons von herkömmlichen Anleihen mit gleicher Laufzeit desselben oder eines vergleichbar kreditwürdigen Herausgebers.

Als Beispiel ist hier die inflationsindexierte Bundesanleihe genannt, die 2021 herauskam, bis 2033 läuft und einen Kupon von 0,1 Prozent trägt (Isin: DE 000 103 058 3). Da das Wertpapier Stand 23. Januar 2023 bei einem Kurs von 99,5 notiert, ist die Rendite ohne Inflationsausgleich mit 0,16 Prozent leicht positiv.

Da die bedingt vergleichbare nichtinflationsindexierte zehnjährige Bundesanleihe (Isin: DE 000 110 256 4) am selben Tag bei 2,1 Prozent Rendite lag, muss der Inflationsausgleich, der zusätzlich zum Kupon bezahlt wird, schon gut 1,9 Prozent betragen, damit beide gleichauf liegen. Bei jeder höheren Inflationsrate ist der Linker das bessere Geschäft. Es sieht zurzeit danach aus, aber es kommt immer auch auf die Laufzeit der Anleihe und die geplante Haltedauer an. Aktuelle Inflationsanleihen verloren in den letzten Monaten trotz steigender Inflation. Grund: Der allgemeine Zinsanstieg zieht sie mehr nach unten, als sie wegen der steigenden Inflation zulegen konnten, vor allem bei den langen Laufzeiten.

2 **Linkers** sind ein seltenes Pflänzchen im Anleihengarten, bei den deutschen Bundesanleihen beträgt er gerade einmal 6,5 Prozent aller Schuldtitel. Das bedeutet: Sie können nicht ohne Weiteres ge- und verkauft werden, weil es gerade kein Angebot oder keine Nachfrage gibt. Auch die Spannen zwischen An- und Verkaufspreisen sind größer als bei herkömmlichen Anleihen. Ein wichtiger Grund hierfür ist der sehr hohe Anteil von Langfristinvestoren in inflationsindizierten Anleihen. Die halten die Papiere bis zur Fälligkeit.

3 **Der Inflationsausgleich** unterliegt wie der Kupon selbst der Steuer, sobald Anlegende den Sparerfreibetrag ausgeschöpft haben – zusammen mit dem Umstand, dass der Verbraucherpreisindex nach Meinung vieler Expertinnen und Experten die wahre Inflation unterzeichnet, führt das dazu, dass real die Inflation eben doch nicht vollständig ausgeglichen wird.

Altersvorsorge besser auf Basis von Aktienfonds

Wer für die Rente spart, den trifft die Inflation hart. Denn die meisten Altersvorsorgeverträge enthalten überwiegend Zinspapiere. Das lässt sich manchmal korrigieren.

Am Anfang der Analyse, wie die Altersvorsorge inflationsfest gemacht werden kann, steht eine Reihe von Fragen. Zuerst einmal die, ob Anlegerinnen und Anleger überhaupt selbst über den Vertrag entscheiden können. Bei einer betrieblichen Altersvorsorge redet der Arbeitgeber mit. Er bestimmt, welche der sechs gesetzlich zulässigen Möglichkeiten der betrieblichen Vorsorge zur Verfügung stehen. Die Beschäftigten können nicht so einfach wechseln oder kündigen, allenfalls eine Beitragsfreistellung ist möglich.

Die höchste Aktienquote und damit die geringste Anfälligkeit gegen Inflation haben Pensionsfonds, aber die gibt es meist nur bei Großunternehmen. Bei Riester und Rürup sowie privaten Verträgen ist das anders.

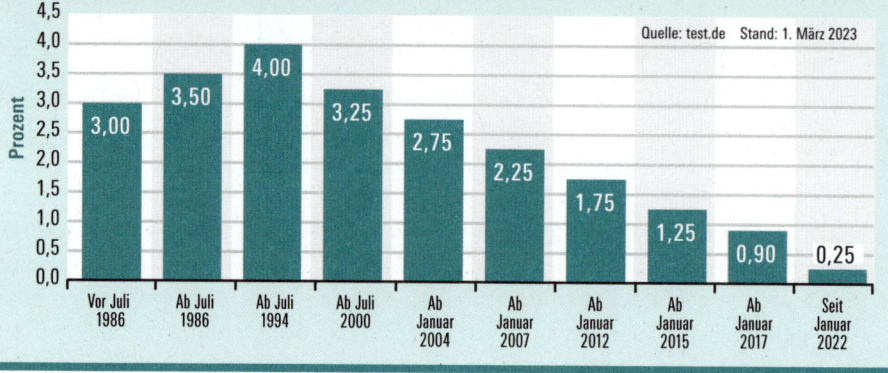

Garantien immer geringer

Wer zwischen Juli 1994 und Juni 2000 eine Lebens- oder private Rentenversicherung abgeschlossen hat, dessen Deckungskapital wird mit mindestens 4 Prozent verzinst – aus heutiger Sicht ein Traumzins. Ab Juli 2000 ging es dann für Neuverträge bergab mit den Garantien.

Quelle: test.de   Stand: 1. März 2023

Prozent

Vor Juli 1986	Ab Juli 1986	Ab Juli 1994	Ab Juli 2000	Ab Januar 2004	Ab Januar 2007	Ab Januar 2012	Ab Januar 2015	Ab Januar 2017	Seit Januar 2022
3,00	3,50	4,00	3,25	2,75	2,25	1,75	1,25	0,90	0,25

Hier kommen andere Fragen ins Spiel, zum Beispiel: Wie alt ist der Vertrag, und wie lange läuft er noch? Ist es möglich, die Aktienquote im Vertrag zu erhöhen? Kann ich, statt zu kündigen, den Vertrag verkaufen?

Beginnen wir mit einem ehemaligen Bestseller, der im Vorsorgebestand der Deutschen noch immer eine große Rolle spielt: der klassischen Lebensversicherung. Eine seit vielen Jahren laufende, gut verzinste Kapitallebens- oder Rentenversicherung sollte man bis zum Ende durchhalten, auch wenn sie überwiegend auf Zinserträge und nur zu einem geringen Anteil von durchschnittlich 5,5 Prozent auf Aktien setzt.

Denn je nach Abschlussdatum garantiert der Versicherer Zinsen bis zu 4 Prozent auf das Sparkapital. Davon können Anlegende in der Niedrigzinsphase sonst nur träumen. Wer kündigt, bekommt nur den Rückkaufswert ausgezahlt. Dieser liegt unterhalb des eigentlichen Guthabens, weil der Versicherer mit dem Stornoabschlag eine Art Strafentgelt von der Auszahlungssumme abzieht. Ein Verkauf auf dem Zweitmarkt für

Lebensversicherungspolicen kann sich daher lohnen. Kundinnen und Kunden können von spezialisierten Aufkäufern mehr Geld erhalten als bei einer Kündigung. Dieses Geld können sie dann in Aktien investieren, am besten in ETF auf Aktienindizes.

Die Käufer von Lebensversicherungen zahlen den Verkaufenden mehr Geld als den Rückkaufswert. Das funktioniert, weil sie die Lebensversicherung aus eigenen Mitteln weiterführen, statt zu kündigen, den Stornoabschlag so vermeiden und damit den Schlussgewinn voll einstreichen. Einen Teil dieses Mehrertrags geben sie vorab an die Verkäufer weiter.

Die Steuervorteile der Lebensversicherung bleiben dabei unangetastet. Die Erträge sind steuerfrei, wenn der Vertrag vor 2005 begann, mindestens 12 Jahre lief und der Kunde mindestens fünf Jahre Beiträge gezahlt hat. Für Verträge, die ab dem 31. März 1996 geschlossen wurden, gilt außerdem, dass ein Todesfallschutz in Höhe von mindestens 60 Prozent der Beitragssumme vereinbart worden sein muss. Sind diese

Vorgaben nicht erfüllt, muss der Kunde die Differenz zwischen Kaufpreis und den insgesamt gezahlten Beiträgen versteuern. Darauf zahlt er Abgeltungssteuer.

Bei Riester- und Rürup-Renten müssen sich Sparende gerade in Zeiten hoher Inflation eine unangenehme Frage stellen, die schon in Zeiten der Preisstabilität keiner gerne hören wollte, weil sie die beiden Instrumente grundsätzlich infrage stellt: Wie alt muss ich als Anlegerin oder Anleger eigentlich werden, damit ich in der Rentenphase das Geld zurückbekomme, das ich zuvor angespart habe?

Tatsache ist: Bei der Mehrzahl der Angebote müssen die Rentnerinnen und Rentner schon äußerst rüstig sein, um diesen Tag zu erleben. Bei den Top-Angeboten im Markt steht dann schon eine 9 vorne beim Lebensalter, wenn man die Garantiewerte als Maßstab nimmt. Die Produkte werden also nur durch Überschüsse und die staatliche Förderung überhaupt rentabel. Ein Grund mehr, auf Produkte zu setzen, die Aktien enthalten, denn die versprechen langfristig mehr Ertrag als Zinsprodukte.

Bei Riester-Produkten beim Übergang in den Ruhestand die Rente zu wählen, ist übrigens nicht immer die beste Lösung. Es gibt fünf Möglichkeiten:

1 **Verrentung**
2 **Verrentung** mit einer Teilauszahlung von 30 Prozent
3 **Kündigung** des Vertrags mit Rückzahlung der Zulagen
4 **Verwendung** für Wohneigentum, um einen Kredit zu tilgen
5 **Abfindung** bei kleinen Renten

Welche Variante die vorteilhafteste ist, hängt von vielen verschiedenen Faktoren ab. Dazu gehören die Vertragsart, die Vertragsbedingungen, die Höhe der Förderung, der Eigenbeitrag, die voraussichtliche Besteuerung im Alter sowie die Lebenserwartung. Bei der Entscheidung helfen Lohnsteuerhilfevereine und Steuerberater.

Der Erfolg von fondsgebundenen Riester-Versicherungen, sogenannten Riester-Fondspolicen, hängt stark davon ab, wie gut die Fonds sind, die in ihnen stecken. In welche Fonds ihr Geld fließt, können Sparende dabei fast immer selbst bestimmen. Die Wertentwicklung der einzelnen Fonds kann aber extrem unterschiedlich sein.

Damit Versicherte schnell und einfach herausfinden können, welches die besten Fonds für ihre Police sind, hat Finanztest mehr als 1800 Investmentfonds aus Riester-Versicherungen untersucht und den Riester-Optimierer entwickelt. Er nennt für viele Riester-Tarife die jeweils besten Fonds aus dem Angebot des Versicherers. Die Datenbank des Riester-Optimierers wird regelmäßig aktualisiert.

Die Fondsexperten von Finanztest sehen sich monatlich die Fondspaletten der Riester-Fondspolicen an und bewerten die dort aufgelisteten Fonds. Anhand einer Datenbank können Kundinnen und Kunden dann schnell und unkompliziert herausfinden, mit welchen Fonds sie ihre Police auf Vordermann bringen können. Dieses Vorgehen empfiehlt sich analog bei ganz normalen Fondspolicen, wobei hier Handarbeit erforderlich ist, weil Inhaberinnen und Inhaber die Fondspalette ihres Anbieters mit den Bewertungen von Finanztest vergleichen müssen. Das geht am besten online unter www.test.de/fonds.

Bis fünf Jahre vor Schluss auf Aktienfonds setzen

Finanztest empfiehlt, bei fondsgebundenen Riester-Rentenversicherungen bis etwa fünf Jahre vor Ende der Laufzeit auf Aktienfonds zu setzen. Denn bei Riester-Fondspolicen liegt ein Teil des Guthabens ohnehin in sicheren, meist verzinsten Anlagen wie Staatsanleihen, auf die Riester-Sparende keinen Einfluss nehmen können. Viel Rendite ist da gerade nicht zu holen.

Mit diesem Teil des Investments stellt der Anbieter die Riester-Garantie sicher. Sie schreibt vor, dass zum Ende der Ansparphase mindestens die Summe aus Beiträgen und Zulagen noch da ist. Da bei einer Riester-Fondspolice die Garantie bereits für ein gewisses Maß an Sicherheit sorgt, sollten Kunden bei Ihrer Fondswahl ruhig risikofreudiger sein und auf Aktienfonds setzen, bei denen sie mit einer möglichst guten Wertentwicklung rechnen können.

Erste Wahl unter den Aktienfonds für eine Riester-Police sind sogenannte Exchange Traded Funds (ETF). Das sind börsengehandelte Investmentfonds, die einen Index möglichst exakt nachbilden. Mehr zu ETF lesen Sie im nächsten Kapitel „In Aktien-ETF investieren" ab S. 37.

Gibt es keine ETF in der Fondspalette der Versicherer, nennen wir Kunden in unserem Riester-Optimierer die besten Fonds der zweitbesten Kategorie: aktiv gemanagte Aktienfonds, die weltweit investieren. Im Idealfall holen die Fondsmanager mehr Rendite heraus, als sie der breite Markt zu bieten hat. Das schaffen aber nur die besten und oft nur für einen begrenzten Zeitraum.

Kunden müssen also wachsam sein und mindestens einmal im Jahr die Entwicklung solcher Fonds überprüfen. Das Gleiche gilt für Mischfonds mit hohem Aktienanteil – die dritte Wahl unseres Policen-Optimierers, wenn Versicherer keine entsprechenden Aktienfonds anbieten.

→ In drei Schritten Riester-Fondspolice optimieren

Schritt 1 – Check Riester-Optimierer. Aktuell bietet die Datenbank Fondsempfehlungen für 113 Riester-Fondspolicen. Schauen Sie einfach, ob Ihre Fondspolice dabei ist.

Schritt 2 – Empfehlung einsehen. Nach dem Freischalten ermitteln Sie, welchen Fonds Finanztest zur Optimierung Ihrer Police empfiehlt. Ist es mehr als ein Fonds, teilen Sie Guthaben und künftige Beiträge gleichmäßig auf. Das Anlagerisiko wird dadurch noch weiter reduziert.

Schritt 3 – Fondstausch beauftragen. Anschließend müssen Sie nur noch bei Ihrem Versicherer anrufen und die schlechten gegen bessere Fonds in Ihrer Police austauschen. Der Tausch kostet meist nichts.

Verbraucherzentralen beraten persönlich

Besonders bei der Entscheidung, ob Sie eine Kapitallebens- oder private Rentenversicherung kündigen, beitragsfrei stellen, die Laufzeit verkürzen oder verkaufen sollen, können Ihnen die Beratungsstellen der Verbraucherzentralen in einer Einzelfallberatung helfen. Für diese Dienstleistung fällt ein Entgelt an.

Details dazu finden Sie im Internet unter verbraucherzentrale.de/beratung. Dort sind auch die Adressen der Verbraucherberatungsstellen zu finden. Bitte schicken Sie uns keine Unterlagen: Die Stiftung Warentest bietet über allgemeine Auskünfte durch den Leserservice hinaus aus rechtlichen Gründen keine Einzelfallberatung an.

▶ **Sollten Sie sich** für einen Verkauf Ihrer Lebensversicherungspolice interessieren: Es gibt derzeit sechs Anbieter in Deutschland, die dies seriös anbieten. Details und Adressen finden Sie in unserem Webauftritt unter test.de/lv-zweitmarkt .

Checkliste

Lebensversicherung verkaufen?

Kann ich meine Lebensversicherung verkaufen?
Prüfen Sie anhand der folgenden Kriterien, ob Ihre Police für einen Aufkäufer infrage kommt.

☐ **Handelt es sich um eine klassische Lebens- oder Rentenversicherung?**
Reine Fondspolicen kommen hier nicht in Betracht. Legt der Versicherer Überschüsse in Fonds an, verringert sich die Anzahl der Aufkäufer, aber es gibt sie.

☐ **Beträgt der Rückkaufswert mindestens 5 000 Euro?**
Den Rückkaufswert finden Sie in Ihrer letzten Standmitteilung, oder der Versicherer nennt Ihnen diesen Wert.

☐ **Läuft Ihre Police noch mindestens ein Jahr?** Eine Überbrückung mit einem Kredit oder eine Beleihung der Police ist unter einem Jahr die bessere Lösungen.

Maßnahme 2: In Aktien-ETF investieren

Sachwerte sind der wirksamste Schutz gegen Inflation. Neben Immobilien und Edelmetallen fallen auch Aktien in diese Kategorie. Sie können Aktien auch über ETF erwerben. Das senkt das Risiko.

Wenn es in der Volkswirtschaftslehre eine Wahrheit gibt, die kaum jemand anzweifelt, ist das diese hier: Eigentümer müssen langfristig einen besseren Ertrag erzielen als Kreditgeber. Sonst könnten die Eigentümer die Kredite, die sie für die Schaffung neuen Eigentums aufnehmen, nicht zurückzahlen.

Genau das ist der Grund, warum Aktien langfristig immer mehr Rendite gebracht haben als Anleihen. Wer eine Aktie besitzt, dem gehört ein Stück eines Unternehmens. Wer eine Anleihe sein Eigen nennt, der hat nur einen in Geldeinheiten ausgedrückten Anspruch auf Zins und Tilgung. Und der unterliegt vollständig der Geldentwertung.

Bei Inflation sinkt die Kaufkraft von Zins und Tilgung, da es ein nominaler Anspruch ist. Der wird in Geldeinheiten ausgedrückt, beispielsweise 1000 Euro Rückzahlung und – bei einem Kupon von 3 Prozent – 30 Euro Zins. Mit den 1030 Euro können Anleger nächstes Jahr bei Inflation aber weniger kaufen als dieses Jahr, wenn alles teurer geworden ist. Der reale Wert beträgt bei 7 Prozent Inflation nur noch 962,62 Euro.

Aktienanlegerinnen und -anleger hingegen sind von der Inflation nicht dauerhaft betroffen. Ihnen gehört ein Bruchteil eines Unternehmens mit all seinen Gütern – seien es Maschinen, Vorräte, Schreibtische oder Patentrechte. Diese Güter werden nicht weniger wert, weil es Inflation gibt. Sie haben eine Substanz und sind nicht nur ein flüchtiger nominaler Anspruch auf Zahlung einer bestimmten Summe.

Inflation führt dazu, dass der Kurs einer Aktie idealerweise um die Inflationsrate steigt. Allerdings beeinflussen viele andere Faktoren den Aktienkurs, zum Beispiel der Markterfolg eines Unternehmens. Deshalb wird der Inflationseffekt nie isoliert zu sehen sein, sondern ist immer in der Gesamtkursentwicklung enthalten.

Erschwerend kommt hinzu: Kurzfristig schadet Inflation den Kursen sogar, weil die Unternehmen die gestiegenen Einkaufspreise meist nicht sofort und in vollem Umfang an die Konsumentinnen und Konsumenten weitergeben. Die Erzeugerpreisinflation verringert erst einmal die Margen und Gewinne der Unternehmen, bis diese ihre Preise anpassen und auf das alte Gewinnniveau zurückkehren. Aber langfristig gilt: Aktien sind – anders als Zinspapiere – ein tauglicher Schutz gegen Inflation.

Mit Investmentfonds langfristig zum Erfolg

Aktien bieten Chancen, sind aber riskant. Das Risiko können Sie verringern, wenn Sie die Papiere mindestens zehn Jahre halten und gut mischen. Mit Indexfonds (ETF) gelingt das.

Für Anlegende gilt der Spruch vom Winterdienst: Wer gut streut, rutscht nicht aus. Bei Aktien heißt streuen: niemals alles auf eine Karte setzen.

Wer nur in eine einzige Aktie investiert, spekuliert. Erst mit vielen verschiedenen Aktien, die aus unterschiedlichen Regionen der Welt und aus unterschiedlichen Branchen stammen, wird aus Spekulation überlegte Kapitalanlage. Denn wenn es in einem Sektor der Wirtschaft oder in einem Land mit den Kursen bergab geht, besteht

Geduld zahlt sich beim Anlegen aus

Je länger Anlegende regelmäßig in einem ETF auf dem MSCI World ansparen, desto sicherer war zumindest in der Vergangenheit eine positive Rendite. Selbst im schlimmsten Fall waren sie nach 18 Jahren im Plus und schlossen nach 30 Jahren mit einem Ergebnis von 5,4 Prozent ab.

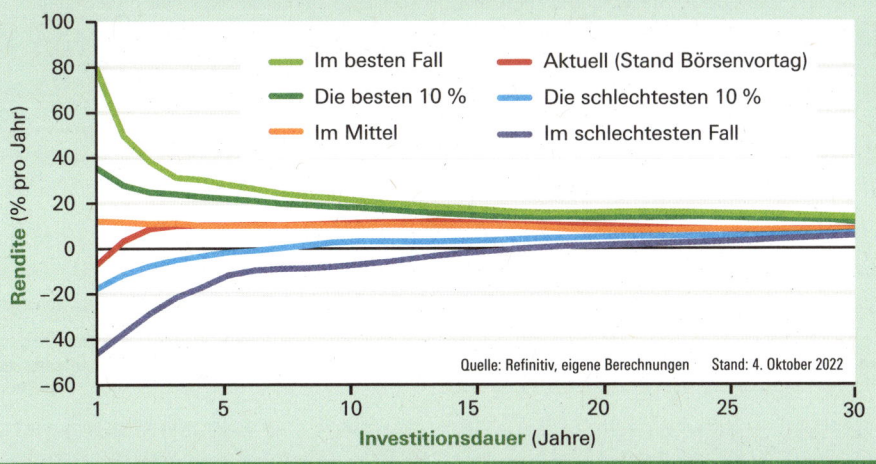

die Chance, dass andere Sektoren und Regionen dies ausgleichen.

Die zweite wichtige Zutat für den Erfolg ist Geduld. Wer nur ein Jahr oder fünf Jahre auf das Geld verzichten kann, das in Aktien angelegt ist, spekuliert, auch wenn er oder sie streut. Denn die Statistik im Renditetrichter auf dieser Seite zeigt für den weltweiten Aktienindex MSCI World: Erst ab acht Jahren Anlagedauer ging das Risiko, dass Verluste entstehen, bislang gegen null.

Ab 18 Jahren waren Anlegende historisch gesehen immer auf der Gewinnerseite. Das stimmt für Sparpläne und für Einmalanlagen. Das ist zwar keine Garantie, dass es auch künftig so kommt, aber solange die Mechanismen, die hinter den Aktienmärkten stecken, intakt sind, sollte das auch in Zukunft klappen. Und außerdem: Welche sicherere und bessere Alternative gibt es? Vielleicht nur Immobilien und Edelmetalle, doch davon mehr in späteren Kapiteln.

Nun können die wenigsten Privatanleger alle 1500 Aktien kaufen, die im MSCI World Index enthalten sind, schon gar nicht in der richtigen Gewichtung. Dafür wären ein Millionenbetrag und ein üppiges Zeitbudget notwendig. Zum Glück gibt es ETF (Exchange Traded Funds). Das sind Investmentfonds, genauer gesagt sogenannte Indexfonds, die an der Börse gehandelt werden. Sie bilden den MSCI World und viele andere Aktienindizes dieser Welt nach, und diese Anteile können Anlegende schon ab einer Sparrate von 25 Euro erwerben.

Mit ETF ist das Investment gestreut, und das Risiko, mit wenigen Aktien auszurutschen, minimiert. Auch andere Aktienindizes sind über ETF zugänglich, so etwa der Euro Stoxx 50 oder der Dax, aber bei ihnen fällt das Verhältnis von Risiko und Ertrag historisch gesehen weniger günstig aus als beim MSCI World – auch weil sie deutlich weniger breit gestreut sind.

Weltweit anlegen lohnt sich

Die Rendite ist nur eine Seite der Anlagemedaille, das Risiko ist die andere. Die Volatilität oder Schwankungs-neigung einer Geldanlage bildet ab, wie stark die Nerven der Anlegenden strapaziert werden. Je geringer die Volatilität bei gleicher Rendite oder je höher die Rendite bei gleicher Volatilität, desto besser die Anlage. Der MSCI World schlägt die regionalen Indizes sowohl in der 5- als auch in der 10-Jahres-Betrachtung:

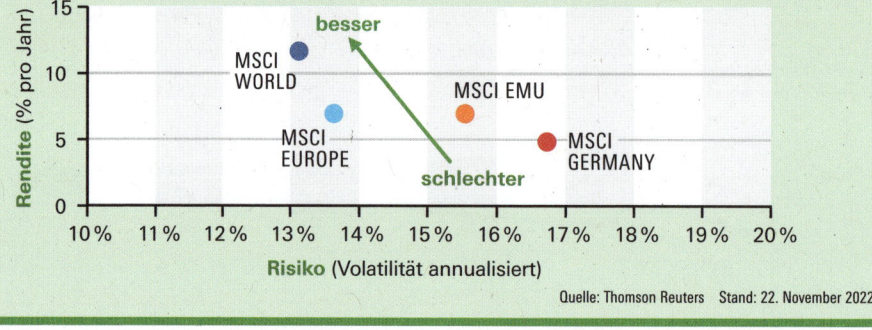

Quelle: Thomson Reuters   Stand: 22. November 2022

Der zuvor erwähnte zweite Faktor – Geduld – hängt mit der Zeit zusammen, die Anlegende auf das in Fonds angelegte Geld verzichten können. Deshalb gilt die Regel: Legen Sie nur das Geld in Aktien an, auf das Sie mindestens zehn Jahre verzichten können. Dann fällt Geduld gar nicht mehr so schwer. Und falls beim Sparplan am Ende doch ein Minus vor der Rendite stehen sollte, was beim MSCI World in den letzten 30 Jahren bei den Zehnjahreszeiträumen, die zwischen 2008 und 2009 endeten, der Fall war, dann drehte die Rendite spätestens nach zwei weiteren Jahren wieder ins Plus. Kein tolles Ergebnis, aber erträglich, wenn Anlegende am Ende des Sparzeitraums nicht sofort das volle Guthaben benötigen.

Diese Betrachtung geht zudem davon aus, dass Anlegende ihr ganzes Geld in Aktien stecken. Das ist aber normalerweise nicht der Fall, weil nur Spekulanten und kaum eine Anlegerin oder ein Anleger dieses Risiko zu tragen bereit sind. Welcher Aktienanteil in einem Portfolio sinnvoll ist, hängt vom erwarteten Zins, der Anlagedauer und

vom tolerablen Maximalverlust bei Akten ab: Wer sich für zehn Jahre einen Zins von zwei Prozent sichert, kann bis zu 18 Prozent Aktien-ETF ins Depot legen – einen Totalverlust der Aktien einkalkuliert. Wenn man davon ausgeht, dass der Aktienmarkt nicht mehr als 50 Prozent verlieren wird, ist ein ETF-Anteil von 30,5 Prozent vertretbar. Dass die Börse um die Hälfte an Wert verliert, ist in den letzten 50 Jahren schon mehrfach vorgekommen. Einen Totalverlust bei einem großen Aktienindex hingegen hat es seit dem Zweiten Weltkrieg nicht gegeben.

Es spricht fast alles dafür, den Aktienanteil im Portfolio durch ETF abzubilden und nicht durch Einzelaktien oder aktiv gemanagte Fonds. Einzelne Aktienpositionen sind zu riskant, da Privatanleger wie oben am Beispiel des MSCI Word erläutert üblicherweise nicht über eine Depotgröße und die Zeit verfügen, die eine vernünftige Mischung und Streuung ermöglichen.

Damit bleiben Investmentfondsanteile und Anlagezertifikate als Anlagevehikel. Beide Wertpapiergattungen gibt es in der

Aktien, Fonds und ETF im Vergleich

Wer anlegen statt spekulieren will, sollte nicht auf einzelne Aktien setzen, sondern auf Investmentfonds. ETF sind gemanagten Fonds in Kosten und Ertrag meist überlegen.

	Einzelne Standardaktie	Gemanagter bzw. aktiver Fonds	Standardindexfonds als ETF
Welches Anlageinstrument ist gemeint?	Aktie, die zu einem großen Index gehört, zum Beispiel dem Dax oder dem MSCI World. Beispiel: Adidas.	Investmentfonds, bei dem ein Fondsmanagement die Anlageentscheidungen fällt.	Fonds, der einen großen Index wie den MSCI World nachbildet und in Frankfurt auf Xetra (oder Stuttgart BestX) handelbar ist.
Langfristige Rendite	Von Totalausfall bis sehr hoch.	Meist schlechter als der Vergleichsindex.	Wie der Vergleichsindex.
Schwankungsbreite	Hoch.	Ähnlich wie der Vergleichsindex.	Wie der Vergleichsindex.
Sicherheit	Totalverlust möglich durch Insolvenz (Beispiel Wirecard).	Totalverlust aufgrund der Streuung unwahrscheinlich.	
Verfügbarkeit	Anlegende mit Wertpapierdepot können Standardaktien börsentäglich kaufen und verkaufen.	Eventuell Börsenhandel möglich, sonst über die Fondsgesellschaft zum Preis des Folgetages zu zeichnen oder zurückzugeben.	Anleger mit Wertpapierdepot können ETF börsentäglich kaufen und verkaufen.
Kosten	Von kostenlos (Neobroker) bis sehr teuer (in der Regel Filialbanken).	Bei Kauf über die Fondsgesellschaft oft mit Ausgabeaufschlag; hohe laufende Kosten.	Handel kostenlos (einige Neobroker) bis sehr teuer (manche Filialbanken); niedrige laufende Kosten.
Steuer	Bei Verkauf Abgeltungssteuer (plus Soli und ggf. Kirchensteuer) auf Dividenden und realisierte Gewinne.	Ähnlich wie Einzelaktien, aber mit jährlichem Abschlag. Die Depotbanken übernehmen den Großteil der Arbeit.	
Für wen?	Nur für Anlegende mit mindestens sechsstelligem Depotwert und Spaß an der Sache, die das Anlagerisiko verkraften können.	Für Anlegende, für die kein ETF infrage kommt, weil sie genau in das Aktienspektrum investieren möchten, das der aktive Fonds abdeckt, und die das Risiko verkraften können.	Für alle, die das Anlagerisiko verkraften können.

Nachhaltig handeln

Wer nachhaltig investiert, muss nicht auf Rendite verzichten. Die Fondsspezialisten der Stiftung Warentest haben nachhaltige Fonds und ETF untersucht. Hier zeigt sich: Nachhaltige ETF liefen oft besser als der Vergleichsindex. 2022 war es – weil gerade Ölfirmen während der Russland-Sanktionen sehr stark zugelegt haben, umgekehrt. Insgesamt ist kein Renditenachteil durch nachhaltiges Anlegen erkennbar. Bei nachhaltigen ETF ist zu beachten, dass sie bezüglich ihrer Nachhaltigkeit bisher bestenfalls im Mittelfeld liegen. Wer dies nicht akzeptiert und höchste Ansprüche an die Einhaltung einer Vielzahl von ethisch-ökologischen Kriterien hat, muss auf aktiv verwaltete Fonds zurückgreifen. Diese sind dann aber oft nicht so breit gestreut wie ETF und sind deutlich teurer.

Ausprägung, dass sie Indizes wie den MSCI World, den Eurostoxx 50 oder den Dax abbilden. Da es bei Zertifikaten aber ein Insolvenzrisiko des Herausgebers gibt, gebührt Indexfonds beziehungsweise ETF klar der Vorzug: Die enthaltenen Aktien sind ein Sondervermögen, auf das Gläubiger keinen Zugriff haben, wenn die Investmentgesellschaft pleitegeht. Und sie sind nicht teurer als Zertifikate, wenn man die richtigen Fonds auswählt. Was aber sind die richtigen Aktienfonds? Für das Gros der Anleger ist diese Frage leicht zu beantworten. Sie benötigen einen pflegeleichten, breit anlegenden Fonds mit günstigen Kosten.

Da bieten sich ETF auf den MSCI World an, der aktuell zirka 1 500 Aktien aus 23 Industrieländern enthält. Diese ETF sind auch Bestandteil des Pantoffel-Portfolios, das Sie im nächsten Kapitel kennenlernen werden. Sie zeichnen sich durch niedrige Kosten in der Größenordnung von 0,12 bis 0,5 Prozent der Anlagesumme aus.

Natürlich können Anlegende ihren Aktienanteil auch mit normalen, aktiv gemanagten Fonds abdecken. Bei diesen Fonds trifft das Fondsmanagement die Anlageentscheidungen. Das Ziel dieser Fonds ist, besser als der Index abzuschneiden.

Nur zeigt die Realität, dass es kaum ein Managementteam schafft, den jeweiligen Index, der ihm als Messlatte dient, dauerhaft zu schlagen. Auch Teams, denen das eine Zeit lang, vielleicht sogar über Jahre, gelingt, verlieren in der Regel langfristig gegen den Index. Beim MSCI World zum Beispiel schaffen das auf Sicht von fünf Jahren nur 15 Prozent der Fondsmanager. Anlegenden gelingt es zudem nur mit Glück, immer auf die Sieger zu setzen. Zudem kann beim Fondstausch wieder der Ausgabeaufschlag anfallen, was die Rendite senkt.

Wie viel Aktienfonds kann ich mir leisten?

Kaum jemand wagt, 100 Prozent des verfügbaren Kapitals in Aktienfonds zu investieren. Das Risiko wäre zu hoch. Wer auf Dauer kein Geld verlieren will, kann sich an dieser Tabelle orientieren. Sie stellt einen Zusammenhang zwischen maximalem Verlust, sicher erzielbarem Festzins und Anlagedauer her.

Anlage-dauer (Jahre)	Möglicher Aktienfondsanteil (Prozent) bei einem kalkulierten Verlust von					
	50 %	60 %	70 %	80 %	90 %	100 %
Bei 0,5 % Festzins						
5	4,8	4	3,5	3,1	2,7	2,5
10	9,3	7,9	6,8	6	5,4	4,9
Bei 1,0 % Festzins						
5	9,3	7,8	6,8	6	5,4	4,9
10	17,3	14,8	13	11,6	10,4	9,5
Bei 1,5 % Festzins						
5	13,4	11,4	9,9	8,8	7,9	7,2
10	24,3	21,1	18,7	16,7	15,1	13,8
Bei 1,75 % Festzins						
5	15,3	13,1	11,5	10,2	9,1	8,3
10	27,5	24	21,3	19,1	17,4	15,9
Bei 2,0 % Festzins						
5	17,2	14,8	12,9	11,5	10,4	9,4
10	30,5	26,7	23,8	21,5	19,6	18
Bei 2,5 % Festzins						
5	20,8	18	15,8	14,1	12,7	11,6
10	35,9	31,8	28,6	25,9	23,7	21,9

Nur die wenigsten Fondsprofis schlagen den Index

Bei weltweiter Anlage schneidet nur jedes siebte Fondsmanagement nach fünf Jahren noch besser ab als der Vergleichsindex. Anlegende fahren deshalb mit ETF meist besser.

Region	Vergleichsindex	Anteil der Fonds, die den Index im Zeitraum geschlagen haben:		
		1 Jahr	3 Jahre	5 Jahre
Aktien Europa	MSCI Europe Standard Core (net) Index (EUR)	35 %	42 %	29 %
Aktien Welt	MSCI World Standard Core (net) Index (USD)	13 %	20 %	15 %

Quelle: Scope Analysis. Stand: 31. Dezember 2021

Erschwerend kommt hinzu: Selbst wenn das Fondsmanagement den Index schlägt, kann der Fonds auf der Ebene des Anlegers schlechter abschneiden als der Index. Das erklärt sich durch die höheren laufenden Kosten für das Management und die Vertriebskosten. Ein weiterer Faktor ist der Ausgabeaufschlag. Er fällt beim Kauf an und beträgt meist 3 bis 5 Prozent der Anlagesumme. All das verringert die Rendite unterm Strich oft um mehr als einen Prozentpunkt.

Zwar können Anleger mit ihrer Bank verhandeln oder über einen Fondsdiscounter ohne Ausgabeaufschlag einkaufen, aber das lindert das Problem bestenfalls. Am Ende gilt: ETF sind für die meisten die beste Lösung. Ausnahme: Wenn Sie Wert auf strenge Nachhaltigkeit legen, kommen Sie um aktive Fonds nicht herum. Nachhaltige ETF schneiden hier nur mittelmäßig ab.

Und leider gehört der Ertrag aus Investmentfonds, egal ob ETF oder aktiv gemanagt, nicht komplett den Anlegenden. Sie müssen ihn mit dem Fiskus teilen. Die Fondsgesellschaften zahlen direkt aus dem Fondsvermögen Körperschaftsteuer auf deutsche Dividenden, Mieterträge und Immobilienverkaufsgewinne. Erst der Rest wird an die Anleger ausgezahlt. Es gibt aber Vergünstigungen: Von Körperschaftssteuer verschont bleiben ausländische Dividenden und Immobilienerträge, Gewinne aus Wertpapierverkäufen, aus Termingeschäften sowie Zinserträge. Das gilt für die meisten ETF, weil sie Fonds nach irischem oder luxemburgischem Recht sind. Schutz genießen auch staatlich geförderte Altersvorsorgeprodukte: Bei Rürup- und Riester-Fondspolicen und Riester-Fondssparplänen fällt keine Körperschaftssteuer an.

Als Ausgleich für geringere Erträge hält das Investmentsteuerreformgesetz für Anleger eine Entschädigung bereit. Sie müssen nicht mehr für die gesamten Erträge Abgeltungssteuer abführen, sondern nur noch auf einen Teil. Die Höhe dieser Teilfreistellung hängt von der Fondsart ab:

▶ **Bei einem Fonds**, der fortlaufend mehr als 50 Prozent in Aktien anlegt, bekommen Privatpersonen 30 Prozent der Ausschüttungen steuerfrei.
▶ **Bei einem Mischfonds** mit wenigstens 25 Prozent Aktienanteil sind es 15 Prozent Freistellung.

▶ **Wer Immobilienfondsanteile** besitzt, bekommt eine Freistellung von 60 Prozent. Investiert der Fonds zu mindestens 51 Prozent in ausländische Immobilien, sind sogar 80 Prozent steuerfrei.

Die Teilfreistellungen gelten für alle Erträge, also Dividenden und Verkaufsgewinne – egal ob in- oder ausländisch. Zugleich ersetzt die neue Methode die Anrechnung der im Ausland gezahlten ausländischen Quellensteuern im Rahmen der Steuererklärung. Für viele Anleger erübrigt sich so glücklicherweise eine Menge Papierkrieg.

Sachwertefonds sind selten eine gute Wahl

Sachwertefonds – spezielle Fonds, die in einen Mix aus Aktien, Rohstoffen oder Gold investieren – versprechen Inflationsschutz. Nicht immer können sie halten, was sie versprechen.

Inflationsschutz mit Sachwerten verspricht auch die Fondsindustrie – und hat zu diesem Zweck spezielle Fonds auf den Mark gebracht. So gibt es aktiv gemanagte Fonds, die beispielsweise Aktien mit Sachwertebezug kaufen, in Gold investieren oder auf andere Rohstoffe setzen.

Bekannt ist etwa der Hansainvest Solit Wertefonds (Isin: DE 000 A2A Q95 2), hinter dem als Ideengeber die Crash-Buch-Autoren Marc Friedrich und Matthias Weik stecken („Der größte Crash aller Zeiten"). Dieser Fonds wurde 2017 aufgelegt und investiert laut Jahresbericht unter anderem in

Aktien von Bergbauunternehmen, Rohstoff-ETF sowie in Gold.

Bereits seit 2009 auf dem Markt ist der DWS Sachwerte Fonds der Deutsche-Bank-Tochter DWS (Isin DE 000 DWS 0W3 2). Im Portfolio dieses Mischfonds finden sich Aktien aus den Bereichen Immobilien, Infrastruktur und Rohstoffe, dazu Gold-ETC sowie unter anderem inflationsindexierte Anleihen, bei denen Zins- und Rückzahlung an die Inflationsrate gekoppelt sind.

Vorsicht vor geschlossenen Fonds

Neben Mischfonds, bei denen die Anteile börsentäglich zurückgegeben werden können, gibt es auch einige geschlossene Sachwertefonds. Das sind Unternehmensbeteiligungen, die für die meisten Privatanleger allerdings ungeeignet sind, da zu riskant. Im Gegensatz zu offenen Investmentfonds können sie außerdem in der Regel nicht schnell wieder zu Geld gemacht werden. Geschlossene Fonds investieren zum Beispiel in Immobilien oder bieten die Beteiligung an Windkraft- oder Solaranlagen an, manche finanzieren auch Infrastrukturprojekte. Oft haben solche Fonds allerdings nicht die versprochenen Erträge erwirtschaftet.

Die beste Chance auf Inflations-schutz bieten Aktienfonds

Nur weil Sachwerte draufsteht, muss die reale Rendite der Fonds – also die Rendite nach Abzug der Inflation – nicht positiv ausfallen. Auch nominale Verluste sind möglich. Gemischte Fonds im Allgemeinen bleiben Untersuchungen von Finanztest zufolge oft hinter den Erwartungen zurück – was nicht zuletzt an den hohen Kosten liegt. Beim DWS Sachwerte Fonds betragen die laufenden Kosten 1,52 Prozent pro Jahr, beim Solit Wertefonds sind es sogar 1,77 Prozent. Das Inflationsjahr 2022 haben beide Fonds mit einem Minus abgeschlossen. Über drei und fünf Jahre gesehen gab es zwar ein Plus, doch mit weltweit anlegenden Aktien-ETF, beispielsweise auf den MSCI World Index, hätten Anlegende deutlich höhere Renditen erhalten.

Während klassische Mischfonds vor allem auf Aktien und Anleihen setzen, nutzen Sachwertefonds zwar auch Aktien, aber sie kombinieren sie ansonsten eher mit Rohstoffen und inflationsindexierten Anleihen. Normale Anleihen sind im Falle unerwarteter Inflation ein Verlustgeschäft.

Manche Sachwertefonds wählen zu großen Anteilen Rohstofffonds und zusätzlich viele Aktien von Minen- und Ölgesellschaften – von einer ausgewogenen Anlage sind sie dann weit entfernt.

Beim Wunsch, gezielt die Inflation zu schlagen, muss auch bedacht werden, dass alle Konzepte nur indirekt einen Inflationsausgleich bieten – falls überhaupt. Ob Gold, andere Rohstoffe oder Aktien: Auf die Inflation nur in Deutschland werden sie nämlich kaum reagieren. Und Aktien sind zwar in der Lage, Kaufkraftverluste durch Inflation auszubügeln, aber das passiert in der Regel nicht zeitgleich mit der Inflation, sondern mit deutlicher Verzögerung.

Die beste Chance, eine Rendite über der Inflation zu erzielen, bieten langfristig aber tatsächlich Aktien – die ja zu den Sachwertanlagen zählen. Hier empfiehlt es sich allerdings, wie in diesem Kapitel dargelegt, breit gestreut in Aktien-ETF anzulegen und nicht konzentriert auf Minen- und Ölaktien.

Es bleibt daher festzuhalten, dass sich hinter Sachwertefonds einseitige und riskante Anlagestrategien verstecken können und deshalb Vorsicht angebracht ist.

Typischerweise werden Sachwertefonds in gut laufenden Aktienmärkten unterdurchschnittlich abschneiden und ihre Stärken lediglich in wenigen Marktphasen ausspielen können.

Das richtige Depot finden

Ohne ein Wertpapierdepot bleibt Ihnen die Welt der Börse verschlossen. Welches Depot das richtige für Sie ist, hängt von Ihren Vorlieben und Bedürfnissen ab.

Anlegerinnen und Anleger müssen zunächst ein Depot eröffnen, ehe sie Investmentfonds, Aktien, Anleihen oder andere Wertpapiere kaufen können. Meist wird das Depot bei einer Filialbank oder Sparkasse geführt, aber es gibt auch Angebote von Onlinebrokern. Mit der Entscheidung für ein Depot legt man die künftigen Kosten für den Kauf, Verkauf und die Verwahrung der Wertpapiere fest.

Jedes Wertpapierdepot hat wie ein Girokonto eine eindeutige Identifikationsnummer, die Depotnummer. In einem Wertpapierdepot gibt es keinen Barbestand, An-

leger bekommen deshalb ein zusätzliches Verrechnungskonto für die Abwicklung von Wertpapiertransaktionen, falls kein Girokonto beim selben Institut besteht.

Wer ein Depot bei einer Filialbank eröffnet, kann sich für alle Fragen rund um den Wertpapierhandel an seinen Kundenbetreuer oder seine Kundenbetreuerin wenden. Bei den tendenziell deutlich billigeren Depots von Direktbanken oder Onlinebrokern gibt es meist nur eingeschränkte oder keine persönliche Beratung. Bei vielen Filialbanken können Anleger, die dort ein Onlinedepot haben, eine Order wahlweise mit

Der beste Broker für verschiedene Anlagewünsche

Gemessen an Kosten und Angebotspalette sind Direktbanken meist die beste Wahl. Wer aktive Fonds wünscht, bekommt bei Fondsvermittlern aber oft bessere Angebote. Und wer sich nicht für aktive Fonds interessiert, ist bei Neobrokern oft sehr gut aufgehoben.

Welches Angebot passt für…?	Filialbank	Direktbank	Neobroker	Fondsver-mittler	Fonds-gesellschaft
Aktienanleger	☐	■	■	+	+
Fondsanleger	☐	◨	☐	■	☐
Fondssparer	☐	◨	☐	■	☐
ETF-Anleger	☐	■	■	☐	+
ETF-Sparer	☐	■	■	☐	+

Beurteilung bezüglich Kosten und Auswahl/Angebot:
☐ = mögliche Lösung. ◨ = gute Lösung. ■ = beste Lösung.
+ = nicht möglich oder nicht sinnvoll.

Quelle: eigene Darstellung,
Stand: 1. März 2023

Beratung abwickeln oder kostengünstiger selbst am Computer aufgeben. Das Verwahrentgelt, sozusagen die Miete fürs Depot, bleibt aber oft unverändert hoch.

Den Antrag zur Depoteröffnung füllen Anlegende gemeinsam mit der beratenden Person oder bei Direktbanken am Computer aus. Neukundinnen und -kunden müssen sich außerdem für die Depoteröffnung legitimieren – in der Filialbank persönlich mit einem Ausweisdokument, bei Onlinebanken oft über das sogenannte Postident-Verfahren unter Vorlage eines Ausweisdo-

kuments in einer Postfiliale oder per Video-ident-Verfahren im Bildschirmdialog am Smartphone oder Computer. Wer einen neueren maschinenlesbaren Personalausweis besitzt und für die Online-Ausweisfunktion registriert ist, kann sich sogar mit speziellen Apps identifizieren (siehe dazu Infopassage rechts).

Die Anbieter erheben für die Dienstleistungen rund ums Wertpapierdepot sehr unterschiedliche Preise. Bei vielen Banken zahlen Anlegerinnen und Anleger jedes Jahr für die Verwahrung von Fonds und Wertpapieren, bei anderen Instituten, vor allem Direktbanken, Online- und Neobrokern, ist die Verwahrung kostenlos. Auch die Entgelte für den Kauf und Verkauf von Wertpapieren variieren von Bank zu Bank. Nur bei einigen Neobrokern (Smartphone-Broker) gibt es auch diese Dienstleistung gratis.

Kundinnen und Kunden können viel Geld sparen, wenn sie sich für ein billiges Depot entscheiden. Das kommt der Rendite ihrer Geldanlage zugute. Für die Auswahl eines Depots sind aber auch andere Kriterien wichtig, etwa die Anzahl der Börsenplätze und das Angebot an Fonds- und ETF-Sparplänen. Auch der Umfang und Bedienkomfort des Online-Auftritts oder der Depot-App sind für viele Anlegende wichtig. Von neu an den Markt gekommenen Neobrokern sollte man nicht den gleichen Service erwarten wie von einer Filialbank.

Bei den Orderkosten ist die sogenannte Flatfee die einfachste und oft auch günstigste Lösung. Dann zahlt man unabhängig von der Ordergröße stets den gleichen Betrag. Beim preisgünstigsten Anbieter im Test sind Wertpapierorders über den Handelsplatz Xetra schon für pauschal 4 Euro zuzüglich eines Handelsplatzentgelts von 1 Euro und geringer Fremdspesen möglich. Bei Neobrokern sind bislang wenige Börsenplätze angeschlossen. Das muss kein Nachteil sein, wenn Anleger sich ohnehin nur bekannte Wertpapiere ins Depot legen wollen.

Wer nach der „Buy-and-Hold"-Methode vorgeht, also ETF und Aktien nach dem Kauf möglichst lange unangetastet behält, sollte auf möglichst niedrige Verwahrkosten achten. Im besten Falle, wie bei vielen Direktbanken, kostet die Verwahrung gar nichts. Bei den Filialbanken hingegen sind Gratisdepots selten. Die preiswertesten Anbieter aus unserem Test finden Sie in der Tabelle „Die günstigsten Depotanbieter" auf S. 151.

→ Depot eröffnen

Filialkunden können bei ihrer Bank oder Sparkasse die Eröffnung eines Onlinedepots beantragen und sich legitimieren. Wer Wertpapiere lieber bei Direktbanken und Onlinebrokern ordern und verwahren lassen will, lädt das Formular zur Kontoeröffnung von der Internetseite des gewählten Anbieters herunter, füllt es aus und bestätigt seine Identität wie folgt:

Postident-Verfahren. Sie legen Ihren Personalausweis/Reisepass und das Postident-Formular der Direktbank in einer Postfiliale vor. Dort wird Ihre Identität dem Anbieter bestätigt.

Videoident-Verfahren. Per Videotelefonat können Sie sich alternativ auch von zu Hause aus legitimieren. Das dauert etwa zehn Minuten. Sie brauchen dafür Ihren Ausweis/Reisepass, einen Computer oder Tablet-PC mit Webcam und Mikrofon oder ein Smartphone mit Videofunktion und eine stabile Internetverbindung.

Maßnahme 3: Richtig mischen

Ein stabiles und ertragreiches Portfolio zeichnet sich auch durch die richtige Mischung von Aktienfonds und Zinspapieren aus. Die Pantoffel-Portfolios von Finanztest leisten genau das, weil sie das Rendite-Risiko-Profil der Anlegenden berücksichtigen.

Die Untersuchungen über die Geldanlage der Deutschen fördern immer wieder dieselben Fehler zutage. Es hapert an der richtigen Mischung im Portfolio. Wir versparen uns, weil wir zu wenig Aktienfonds und zu viele Zinspapiere in unseren Depots und Konten haben. Und selbst bei den Aktien machen wir einiges falsch.

Der beliebteste Fehler ist der sogenannte Home Bias – das ist der englische Ausdruck dafür, dass wir dazu neigen, uns zu viele heimische Aktien ins Depot zu legen. Dieses Übergewicht in deutschen Aktien beraubt uns der Chancen, die die weltweiten Aktienmärkte Kapitalanlegenden bieten.

Außerdem steht längst fest, dass die Wertentwicklung eines Portfolios selten aus der Auswahl einzelner Titel und der Wahl des Einstiegszeitpunkts, sondern weit überwiegend aus der sogenannten Asset Allocation kommt – das ist die Auswahl der regionalen Märkte und Branchen und nicht der Einzeltitel. Es ist also zweitrangig, welche Aktien jemand kauft, solange diese Aktien aus dem richtigen Markt und aus den richtigen Branchen kommen.

Auch beim Übergang in die Altersrente passieren Fehler. Grundsätzlich ist es ja in Ordnung, in der Rentenphase Schwankungen aus dem Portfolio herauszunehmen, indem Zinspapiere höher gewichtet werden. Andererseits haben Rentnerinnen und Rentner heute bei Renteneintritt möglicherweise noch mehr als 30 Jahre Lebenszeit vor sich. Deshalb sind Aktienfonds auch im Ruhestand eine geeignete Anlage.

Die richtige Mischung und Streuung verursachen Aufwand. Doch wer 140 Stunden und mehr im Monat hart für sein Geld gearbeitet hat, sollte und kann sich auch wenige Stunden pro Jahr mit seinen Geldanlagen beschäftigen. Mehr ist nicht nötig. Finanztest hat mit den Pantoffel-Portfolios ein Konzept entwickelt, mit dem Anlegerinnen und Anleger ihre Wünsche nach Sicherheit und Ertrag ohne viel Aufwand in die Tat umsetzen können. Die Portfolios sind bequem wie ein Pantoffel – daher der Name.

Wer selbst diesen geringen Aufwand scheut, sollte sich mit automatisierter Vermögensverwaltung durch einen „Robo-Advisor" auseinandersetzen (siehe S. 63). Es gibt dafür inzwischen gute Lösungen, aber manche sind deutlich zu teuer. Und diejenigen, die sogar Spaß an der Geldanlage entwickeln und ihre Renditechancen aufpeppen wollen, können sich mit dem Core-Satellite-Konzept beschäftigen: Dabei ergänzen sie ein sicheres Kerninvestment, Core genannt, durch ausgewählte Spezialinvestments, die Satelliten, von denen ein Mehrertrag erwartet wird (siehe S. 65).

In Pantoffeln stetig zum Ziel

Geldanlage sicher, kostengünstig, möglichst bequem und trotzdem ertragreich? Die Pantoffel-Portfolios leisten genau das.

Drei bis fünf Anlageziele verfolgen Anlegende in der Regel. Diese Ziele sind nie alle simultan erreichbar – dafür steht das magische Drei-, Vier- oder Fünfeck der Geldanlage. Ihre Ziele sind: Sicherheit, Ertrag, Verfügbarkeit, oft auch geringe Steuerlast und Nachhaltigkeit. Das Dreieck der Geldanlage hat je nach Anleger einen unterschiedlichen Schwerpunkt.

So unterscheiden sich zum Beispiel die Bedürfnisse nach Sicherheit. Finanztest hat mit den Pantoffel-Portfolios ein Konzept

Das wäre aus 200 Euro monatlich geworden

Wer über 30 Jahre 72 000 Euro in ein Pantoffel-Portfolio eingezahlt hätte, würde sich am Ende der Sparphase je nach gewählter Variante und Risikoneigung über ein Guthaben zwischen 129 600 und 212 000 Euro freuen. Offensive Anleger brauchten dabei Nerven, denn ihr Portfolio wäre einmal sogar weniger wert gewesen als die Summe der Einzahlungen.

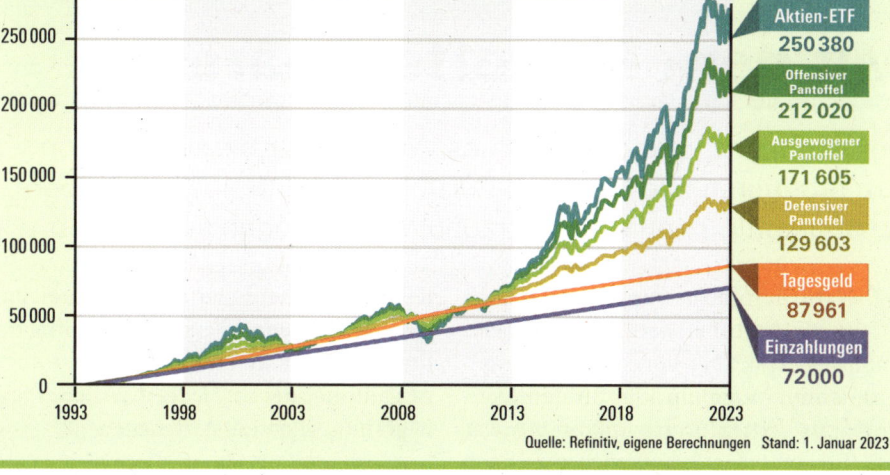

Aktien-ETF **250 380**
Offensiver Pantoffel **212 020**
Ausgewogener Pantoffel **171 605**
Defensiver Pantoffel **129 603**
Tagesgeld **87 961**
Einzahlungen **72 000**

Quelle: Refinitiv, eigene Berechnungen Stand: 1. Januar 2023

entwickelt, das die Ziele des Dreiecks gut ausbalanciert. Es besteht aus zwei Komponenten: einer Zinsanlage, die Vermögen absichert und Verluste begrenzt, und dem Aktienanteil, der Ertrag bringen soll.

Die Zinsanlage enthält Stand Ende 2022 Tages- und/oder Festgeld. Sobald die Anleihezinsen wieder gestiegen sind, kommen auch Anleihefonds erneut in Betracht. Der Sicherheitsbaustein des Portfolios ist bei niedrigen Zinsen zwar ertragsarm, aber dafür schwankt er nur wenig im Wert.

Den Aktienfondsanteil decken Anlegende mit ETF ab – Kernbestandteil ist ein ETF, der den weltweit anlegenden Index MSCI World nachbildet. Diese Komponente bringt den Löwenanteil der Erträge – langfristig waren es gut 7 Prozent pro Jahr. Wer möchte, kann einen Schwellenländer-ETF beimischen – das ist dann der „Tiger-Pantoffel", weil Schwellenländer auch als Tiger-Staaten

bezeichnet werden. Wem eine ökologische Geldanlage wichtig ist, kann auf nachhaltig anlegende ETF setzen.

Zu beiden Varianten lesen Sie später mehr. Ihre Funktionsweise unterscheidet sich nicht vom Standard-Pantoffel. In welchem Verhältnis Anlegende die Komponenten mischen, hängt von ihrer Risikotoleranz ab. Vorsichtige packen 75 Prozent in die Zinskomponente, Mutige nur 25 Prozent.

Die Grafik oben zeigt die Wertentwicklung eines Portfolios, das hälftig auf die Komponenten aufgeteilt war. Die Mischung schonte die Nerven, da es in turbulenten Börsenzeiten weniger stark an Wert verlor als der Index. Dies bezahlten Anlegende mit einer – gemessen an der Wertentwicklung des Aktienindex – geringeren Rendite. Doch es kommt in erster Linie darauf an, dass Anlegende sich mit der Mischung wohlfühlen und sich an Aktien herantrauen.

Mit dem Pantoffel sparen

Der Zinseszins wird oft als achtes Weltwunder bezeichnet. Von ihm profitieren alle Pantoffel-Portfolios. Er hilft auch, mit überschaubaren monatlichen Beträgen ein Vermögen aufzubauen.

Natürlich gab es vor 30 Jahren noch keine Pantoffel-Portfolios. Die stellte Finanztest erst 2013 vor, also vor knapp zehn Jahren. Auch ein ETF auf den MSCI World als Aktienfondskomponente war 1992 für deutsche Privatanlegende noch Zukunftsmusik. Dennoch lässt sich rückrechnen, was die Pantoffel-Portfolios den Anlegenden gebracht hätten, wenn sie schon 1993 zum Beispiel 200 Euro pro Monat investiert hätten. Aus 72 000 Euro Einzahlungen wären je nach Pantoffel-Variante zwischen rund 129 600 und 212 000 Euro geworden und damit deutlich mehr als bei einem Tagesgeld mit rund 88 000 Euro.

Dass Sicherheit Geld kostet, zeigt die Tatsache, dass der Aktien-ETF allein rund 250 400 Euro gebracht hätte. Allerdings hätten Anlegerinnen und Anleger es bei einer reinen ETF-Anlage auch aushalten müssen, dass der Wert der Fondsanteile 2009 einmal vorübergehend unter die Summe der eingezahlten Beiträge gesunken war.

Die Rendite, der durchschnittliche Ertrag pro Jahr, kann sich bei allen Pantoffel-Varianten sehen lassen. Sie beträgt nach Abzug der Kosten und der Abgeltungssteuer zwischen 3,7 Prozent beim defensiven Pantoffel mit nur einem Viertel Aktienanteil und 6,4 Prozent beim offensiven Pantoffel mit drei Vierteln Aktienanteil. Der ausgewogene Pantoffel, der zur Hälfte in Aktien anlegt, liegt mit 5,3 Prozent dazwischen.

Überschaubarer Aufwand

Der Aufwand für das Management der Anlage war übrigens sehr überschaubar. Beim ausgewogenen Pantoffel zum Beispiel hätten Anlegende im 30 Jahren nur insgesamt fünfmal korrigierend eingreifen müssen, weil die Gewichtung sich durch deutliche Kursänderungen bei den Aktien um mehr als zehn Prozentpunkte von der hälftigen Aufteilung entfernt hatte.

Abschließend noch ein Warnhinweis: Niemand kann garantieren, dass die Pantoffel-Portfolios in den nächsten 30 Jahren genauso laufen, wie das in den letzten 30 Jahren der Fall war. Und niemand ist vor Schwarzen Schwänen sicher. Das sind seltene Ereignisse, die sich nicht vorhersehen lassen und die die Welt erschüttern, so zum Beispiel die Covid-19-Pandemie.

Gerade deshalb ist der Pantoffel ein sehr taugliches Konzept, persönliche Renditewünsche und Risikotoleranzen abzubilden.

Dabei bleiben Anlegende stets flexibel. Sollten Sie irgendwann Ihre Anlage anders strukturieren wollen, können Sie jederzeit ganz oder teilweise umsteigen. Anlegerinnen und Anleger sind hier nicht durch langfristige Verträge in ihrer Anlage gefangen, aus denen man oft nur mit finanziellen Verlusten aussteigen kann. Und falls uns doch nicht der Himmel auf den Kopf fällt, haben Sie mit Pantoffel vermutlich unterm Strich das Richtige getan, auch gegen die Inflation.

Die Tiger-Pantoffel

Seit 2013 hat Finanztest mehrere Varianten des Pantoffels entwickelt, um bestimmte Wünsche der Anlegenden noch besser zu berücksichtigen. Wer zum Beispiel Aktien aus Schwellenländern wie China beimischen will, weil er oder sie vom Wachstumspotenzial solcher Aktien profitieren möchte, sollte sich die Tiger-Pantoffel ansehen.

Der Name kommt daher, dass in den betreffenden asiatischen Staaten Tiger heimisch sind, diese Tiere gut springen können und die Staaten im übertragenen Sinn auf dem Sprung in die weltweite Top-Liga der Wirtschaftsnationen sind.

Für den kleinen Tiger-Pantoffel kommen alle ETF auf den MSCI All Country World Index und den FTSE All World Index infrage, die von Finanztest als 1. Wahl bewertet werden. Diese Indizes enthalten anders als der MSCI World auch Aktien aus Schwellenländern. Der große Tiger-Pantoffel spaltet den ETF-Baustein in allen Risikovarianten auf in vier Fünftel MSCI World und ein Fünftel Schwellenländer. Die Bilanz für diese Varianten ist geteilt: Während die kleinen Tiger-Pantoffel auf ganzer Linie schlechter liefen als die Standard-Pantoffel, brachten die großen Tiger-Pantoffel einen Mehrertrag bei höherem Risiko.

Nachhaltige Welt-ETF

Vielen Menschen sind auch Nachhaltigkeitsaspekte wichtig – also ein an ökologischen und sozialen Kriterien orientiertes Investment in Unternehmen, die sich durch eine verantwortungsvolle Politik gegenüber Mitarbeitenden, Lieferantinnen und Lieferanten sowie Kundinnen und Kunden auszeichnen. Für solche Unternehmen gibt es sogar mehrere Indizes, allen voran den MSCI World SRI und seine Varianten.

Die besten nachhaltigen Welt-ETF in unserem Test sind der Amundi MSCI World SRI PAB, der BNP Easy MSCI SRI S-Series 5 % Capped, der iShares MSCI World SRI, der Amundi Lyxor MSCI World ESG Leaders Extra sowie der UBS MSCI World Socially Responsible und der UBS MSCI ACWI Socially Responsible.

Letzterer investiert auch in Schwellenländer. Das zeigt, dass das Engagement in Schwellenländern und nachhaltiges Investment sich kombinieren lassen.

Weitere Pantoffel-Varianten (wie Europa, Deutschland) werden hier nicht beachtet. Sie bieten zurzeit gegenüber den genannten Varianten keinen Rendite-Risiko-Vorteil.

Mit dem Pantoffel in Rente

Auch nach dem Start in den Ruhestand bleibt der Pantoffel bequem, sicher, kostengünstig und ertragsstark. Verschiedene Entnahmeformen können eine Zusatzrente bieten.

Eines vorweg: Anders als bei einer privaten Rentenversicherung vom Lebensversicherer gibt es bei einem Entnahmeplan aus einem Pantoffel-Portfolio keine Garantie auf lebenslange Zahlungen. Doch gut kalkuliert kommt man dem als Anleger oder Anlegerin sehr nahe – und erhält eine optimale Rente. Dabei stehen zwei Modelle zur Wahl:

▸ **Bei der flexiblen Entnahme** dividieren Sie Ihr vorhandenes Vermögen durch die Anzahl der Monate, die der Entnahmeplan noch laufen sollte. Bei einer Anlagesumme von 100 000 Euro und 30 Jahren Laufzeit beträgt die anfängliche monatliche Auszahlung eines ausgewogenen Portfolios 279 Euro. Nachteil: Bei einem Crash verringern sich das Vermögen und damit zumindest vorübergehend auch die monatlichen Auszahlungen.

▸ **Beim Pantoffel-Puffermodell** ist die Rente durch den eingebauten Puffer gegen Börsencrashs zu Beginn eventuell etwas niedriger. Die Rente kann daher kaum fallen – vielmehr stehen die Aussichten gut, dass die Auszahlungen im Laufe der Zeit steigen.

Im Puffermodell kalkulieren Anlegerinnen und Anleger die Entnahmen mit Verlustpuffer. Er ist umso höher, je besser die Börsen gerade gelaufen sind, in Boomzeiten ist er am größten. Dann wird eingeplant, dass schon morgen ein Crash das Aktienvermögen um 50 Prozent reduzieren könnte.

In einer mittelmäßigen Börsenphase – mit Kursen von 25 Prozent unter einem zuvor erreichten Höchststand – ist es unwahrscheinlich, dass die Aktien nochmals um 50 Prozent fallen. Daher können Anlegende den Pantoffel-Puffer nun niedriger ansetzen. Nach einem ganz schlimmen Crash kann er sogar wegfallen.

Turbulenzen sind eingeplant

Beim Puffermodell ist nicht nur der Absturz eingeplant, sondern auch die Erholung der Kurse, und zwar mit einer Rendite von 4 Prozent, was vorsichtig kalkuliert ist. Inklusive Crash kommt man damit nach 30 Jahren auf eine Rendite von null. Tatsächlich hat ein Aktien-ETF auf den MSCI World über 30 Jahre eine Rendite von mehr als 6 Prozent pro Jahr erzielt.

Ein weiterer Sicherungsmechanismus ist die antizyklische Wahl der Entnahmetöpfe.

Das heißt: Sind Aktien und damit der Aktien-ETF gefallen, lassen Anlegende diesen Baustein in Ruhe und entnehmen die Raten aus dem Tagesgeld. Das machen sie so lange, bis die Aktien sich wieder erholt haben und der Anteil des Aktien-ETF an der Höchstgrenze liegt. Erst dann fließen die Auszahlungen wieder aus dem Aktienfondsteil.

Aktienfondsanteile variieren je nach Anlegertyp

Welche Höchstgrenzen für Aktienfonds gelten, hängt davon ab, ob Anlegerinnen und Anleger ein defensives, ausgewogenes oder offensives Portfolio gewählt haben. Beim defensiven Depot sollten Aktienfonds nicht mehr als 35 Prozent am Gesamtvermögen ausmachen, beim ausgewogenen Portfolio liegt die Grenze bei 60 Prozent, bei der offensiven Variante bei 85 Prozent. Der restliche Teil steckt in der sicheren Zinsanlage.

Zum September 2022 ergab sich für ein ausgewogenes Portfolio mit 100 000 Euro eine Anfangsentnahme von 287 Euro. Ein bisschen weniger als die 317 Euro beim flexiblen Modell, und zusätzlich ist beim Puffermodell der Crash eingepreist. Das Gute daran ist: Die künftige Rate dürfte nicht oder nur geringfügig unter die Anfangsrate fallen – was mehr Planungssicherheit gibt.

Wie hoch die anfängliche monatliche Auszahlung für einen individuellen Auszahlplan mit 30 Jahren Dauer ist, können Anlegende anhand der Tabelle auf Seite 58 „So viel Rente ist möglich" ausrechnen.

Onlinerechner nutzen

Wer eine andere Laufzeit möchte, kann die anfängliche Auszahlung mit einem Onlinerechner auf test.de ermitteln. Die Stiftung Warentest passt die Werte regelmäßig an die aktuelle Börsenphase an (siehe Kasten). Die Laufzeit der Pantoffel-Rente lässt sich später bei Bedarf noch verlängern. Die Stiftung Warentest empfiehlt, dass Anleger fünf Jahre vor dem ursprünglich geplanten Ende anfangen, Jahr für Jahr mit fünf Jahren Restlaufzeit weiterzurechnen – so kann die Rente für das ganze Leben reichen.

Einmal im Jahr sollten Sie sich aufraffen und Ihren Entnahmeplan neu berechnen und gegebenenfalls anpassen. Finanztest bietet dazu einen Rechner. Sie können ihn unter test.de/puffer pantoffel aufrufen. Dieser Entnahme-Rechner wird monatlich aktualisiert, er weiß, in welcher Börsenphase wir uns befinden, er berücksichtigt auch Variablen wie Restlaufzeit, Verlustpuffer und Erholungsrendite.

So viel Rente ist möglich

Die Tabelle zeigt, welche Auszahlungen bei der Pantoffel-Rente innerhalb der vergangenen 30 Jahre möglich gewesen wären, bezogen auf ein Startvermögen von 100 000 Euro. Mit den Pantoffel-Portfolios wäre je nach Aktienanteil deutlich mehr Rente möglich als beim Tagesgeld. Wie die letzte Spalte zeigt, hätten Anlegende bei der flexiblen Entnahme ohne Puffer mit höheren Schwankungen der monatlichen Rentenhöhe leben müssen. Die Puffer-Strategie dagegen schützt vor Rentensenkungen. Zugleich sind auch deutliche Rentensteigerungen bei guter Aktienentwicklung möglich. Über die vergangenen 30 Jahre brachte diese Strategie im Schnitt sogar die höchsten Renten.

Pantoffel	Rendite (% p.a.)	Entnahme (Euro pro Monat)			Stärkste Rentensenkung (%)
		mindestens	mittel	höchstens	
Tagesgeld	3,4	280	465	546	0
Entnahmestrategie: Flexibel ohne Puffer					
Defensiv	5,3	283	624	857	−10
Ausgewogen	7,0	287	805	1247	−27
Offensiv	8,3	291	960	1624	−43
Aktien-ETF	9,4	293	1123	2024	−56
Entnahmestrategie: Flexibel mit Puffer					
Defensiv	5,3	298	628	970	−1
Ausgewogen	6,9	317	817	1559	−5
Offensiv	8,2	334	1019	2349	−14
Aktien-ETF	9,1	345	1169	3023	−30

Quelle: test.de   Stand: 30. September 2022

20 Fragen aus der Praxis

Das Pantoffel-Portfolio ist ein einfaches Konzept. Hier erhalten Sie Antworten auf die häufigsten Fragen zur Umsetzung.

Sie wollen Nägel mit Köpfen machen und sofort mit Ihrem Pantoffel-Portfolio loslegen? Dann sollten Sie sich jetzt mit den Details der Umsetzung vertraut machen. Vielleicht helfen Ihnen dabei schon die Antworten auf die 20 häufigsten Fragen weiter, die Leserinnen und Leser dazu an Finanztest gerichtet haben.

1 Welche Pantoffel-Varianten gibt es überhaupt?

Sie können das Basis-Pantoffel-Portfolio leicht variieren, indem Sie statt eines ETF auf den MSCI World einen ETF auf den MSCI All Country World wählen. Dann investieren Sie auch in Schwellenländer. Falls Sie tiefer einsteigen wollen, finden Sie 7 Pantoffel-Ideen in unserem Ratgeber „Die Finanztest-Strategie: Bequem Geld in ETF anlegen mit unserem Pantoffel-Portfolio", den Sie auf test.de oder im Buchhandel erhalten.

2 Welchen Anteil meines Vermögens sollte ich in mein Pantoffel-Portfolio stecken?

Ihr Pantoffel-Portfolio ist für den langfristigen Vermögensaufbau gedacht. Geld, das Sie nicht kurzfristig brauchen, können Sie dort anlegen. Achten Sie darauf, einen Teil Ihres Geldes kurzfristig verfügbar zu haben, um für unvorhersehbare Ausgaben gewappnet zu sein, etwa Reparaturen.

3 Wie lange sollte ich das Geld anlegen?

Planen Sie mit einer Anlagedauer von mindestens zehn Jahren. Mit den Aktienfonds investieren Sie in volatile Märkte und können zwischenzeitlich auch deutlich ins Minus geraten. Auf lange Sicht bieten Aktienfonds allerdings bessere Rendite-Chancen als sichere Geldanlagen.

4 Welchen Betrag sollte ich mindestens in einem Pantoffel-Portfolio anlegen?

Das kommt auf Ihre Bank an. Bei Onlineanbietern lohnt sich ein Pantoffel-Portfolio ab 10 000 Euro, bei Anbietern mit geringen Pauschalgebühren schon ab 5 000 Euro. Bei Filialbanken sollten Sie mindestens 20 000 Euro anlegen – wegen der höheren Mindestentgelte. Die müssen Sie besonders bei Umschichtungen beachten, dabei geht es um kleinere Beträge als beim Erstkauf. Wenn Sie Ihr Pantoffel-Portfolio mit mehreren ETF bestücken, brauchen Sie auch höhere Mindestanlagesummen.

5 Kann ich Einmalanlage und Sparplan kombinieren, oder soll ich beides separat betrachten?

Sie sollten beides kombinieren. Das hat Vorteile, wenn Ihr Depot aus dem Gleichgewicht gerät und die Aufteilung zwischen Aktien und Tagesgeld nicht mehr stimmt. Bei der Einmalanlage müssten Sie extra umschichten, was Geld kostet. Mit einem zusätzlichen Sparplan können Sie einfach die monatlichen Raten umlenken, um die Balance wiederherzustellen.

6 Wann muss ich das Pantoffel-Depot anpassen?

Sie sollten das Depot einmal im Jahr kontrollieren. Tatsächlich umschichten müssen Sie aber nur, wenn die Bausteine um mehr als 10 Prozentpunkte von ihrer anfänglichen Gewichtung abweichen. Es kann sein, dass das jahrelang nicht passiert. Sollte sich an den Märkten viel getan haben – nach einem Crash oder bei neuen Höchstständen, sollten Sie Ihr Depot auch zwischendurch einmal kontrollieren. Unser Rechner hilft Ihnen dabei: test.de/pantoffel-sparplan.

7 Kann ich ein Pantoffel-Portfolio bei der Stiftung Warentest kaufen?

Nein, die Stiftung Warentest verkauft keine Fonds. Das Pantoffel-Portfolio ist eine Art Kochrezept. Das Gericht müssen Sie selbst zubereiten. Finanztest hilft Ihnen aber zu entscheiden, welche Zutaten Sie wie und wo am besten kaufen.

8 Wo kann ich die Pantoffel-Fonds bekommen?

Die Fonds, also die sogenannten ETF, bekommen Sie bei jeder Bank, sie werden über die Börse gekauft – ähnlich wie Aktien. Entweder sagen Sie der beratenden Person, welchen Fonds sie für Sie kaufen soll. Oder Sie kaufen selbst online. Das ist meist günstiger, allerdings wäre es gut, wenn Sie schon etwas Erfahrung mit Onlinebanking oder Wertpapierkäufen hätten. Für Ihren Pantoffel brauchen Sie außerdem ein Depot.

9 Meine Bank bietet angeblich keine ETF an. Was tun?

Da Sie die ETF über die Börse kaufen, hängt es nicht von der Bank ab, ob Sie die Fonds bekommen. Manchmal wollen die Berater vor Ort lieber „aktiv gemanagte Fonds" verkaufen statt ETF, weil sie daran mehr verdienen. Dass ein ETF nicht zu bekommen sei, ist aber eine Ausrede. Nur ETF-Sparpläne gibt es tatsächlich nicht überall.

10 Welche ETF genau sind für das Pantoffel-Portfolio geeignet?

Für das Pantoffel-Portfolio wählen Sie markttypische ETF auf den Weltaktienmarkt, die von uns als „1. Wahl" eingestuft werden. Eine Auswahl empfehlenswerter ETF aus unserem Test steht in der Tabelle „Diese Aktien-ETF sind erste Wahl" ab S. 154. Falls das nicht genügt: Weitere Fonds finden Sie mithilfe unseres Produktfinders Fonds gegen Entgelt unter test.de/fonds.

⓫ Es gibt mehrere markttypische ETF in der Gruppe Aktienfonds Welt mit der Bewertung 1. Wahl. Welchen soll ich nehmen?

Sie können prinzipiell jeden dieser Fonds für Ihr Pantoffel-Portfolio wählen, von der Wertentwicklung unterscheiden sie sich nicht nennenswert. Wollen Sie möglichst wenig Aufwand mit der Wiederanlage von laufenden Erträgen, wählen Sie einen thesaurierenden Fonds. Ist Ihnen wichtig, dass der Fonds tatsächlich dieselben Titel hält wie der Index, nehmen Sie einen physisch replizierenden. Wenn Ihnen das zu kompliziert ist oder Sie sich nicht entscheiden können, nehmen Sie einfach irgendeinen.

⓬ Ist der Einstieg in Zeiten hoher Aktienkurse sinnvoll?

Falls Sie Angst vor Einbrüchen am Aktienmarkt haben, sollten Sie sich am defensiven Pantoffel orientieren. Oder Sie bauen den Aktienteil über mehrere Monate gestreckt auf. Wir können Ihnen allerdings nicht sagen, ob demnächst ein Einbruch kommen wird oder nicht. Mit Kurskorrekturen und Trendwechseln müssen Anleger immer rechnen. Prognosen über die Entwicklung der Märkte gibt Finanztest nicht – aber folgenden Rat: Betrachten Sie Aktienfonds immer als langfristige Geldanlage.

⓭ Sollte ich den Aktienanteil aufstocken, wenn es an den Aktienmärkten gut läuft? Was raten Sie?

Wenn es an den Aktienmärkten besser läuft als an den Zinsmärkten, erhöht sich automatisch der Aktienanteil in Ihrem Depot. Die Idee lautet, antizyklisch zu investieren, das heißt: Wenn nach starken Kursanstiegen die Aufteilung Ihres Portfolios aus den Fugen geraten ist, sollten Sie den Aktienanteil verringern. Sonst wird Ihr Risiko immer größer. Sie sollten also eher einen Teil des Geldes, das im Aktienfonds steckt, in den Sicherheitsbaustein umschichten.

⓮ Gibt es beim Pantoffel-Portfolio ein Währungsrisiko?

Ja. Ein Aktienfonds Welt zum Beispiel enthält amerikanische Aktien, das heißt Dollar-Papiere. Steigt der US-Dollar, gibt es für deutsche Anleger einen Gewinn – sinkt der US-Dollar-Kurs, sind Verluste die Folge. Anders als Aktien, die einem langfristigen Aufwärtstrend folgen, gibt es bei Hartwährungen keinen eindeutigen Verlauf. Wer sein Geld längerfristig in Aktienfonds anlegt, braucht keine Wechselkursabsicherung.

⓯ Ich habe mich für ausschüttende Fonds entschieden. Was mache ich mit den Ausschüttungsbeträgen?

Der Pantoffel-Portfolio-Strategie folgend, sollten Sie die Erträge wieder in Fonds anlegen. Entweder Ihre Bank bietet dafür ein automatisches Verfahren, oder Sie machen das selbst. Aus Kostengründen bietet es sich an, Ausschüttungen zunächst auf einem Konto zu sammeln, etwa auf einem Tagesgeldkonto, und dann als größere Summe – etwa einmal im Jahr – wieder anzulegen. Wer mag, kann dabei auch gleich Abweichungen in der Depotstruktur korrigieren.

16 Kann ich das Pantoffel-Portfolio auch nutzen, um mir regelmäßig einen Betrag auszahlen zu lassen?

Ja, das ist möglich. Sie bauen das Portfolio aus zwei Bausteinen auf. Der Rendite-Baustein ist ein Aktienfonds Welt, am besten ein ETF auf den MSCI World, der Sicherheitsbaustein sollte Tagesgeld sein. Die Mischung – also wie viel Prozent Aktienfonds, wie viel Prozent Zinsanlagen – legen Sie je nach Risikoneigung fest.

17 Wie soll ich Geld entnehmen? Zuerst die Aktienfonds aufbrauchen?

Nein, auf keinen Fall. Wenn Sie die Aktienfonds zuerst aufbrauchen, reicht Ihnen Ihr Geld wahrscheinlich nicht lang. Am längsten kann es halten, wenn Sie zuerst das Tagesgeld verbrauchen. Allerdings steigt dann im Laufe der Zeit Ihr Risiko. Ein Crash könnte Ihre Zukunftspläne in diesem Fall zunichtemachen. Am sinnvollsten ist es daher, wenn Sie bei der Entnahme die ursprüngliche Mischung beibehalten.

18 Bei einem Auszahlplan mit 100 000 Euro und 30 Jahren Laufzeit ist die anfängliche Auszahlung in etwa so hoch wie bei 100 Prozent Tagesgeld. Wofür dann die Aktien?

Die anfängliche Auszahlung gilt nur zu Beginn, die Summe steigt voraussichtlich. Die durchschnittliche Auszahlung aus einem gemischten Portfolio ist höher als die durchschnittliche Auszahlung bei reinem Tagesgeld. Rechnen Sie in einem Jahr Ihre Entnahme neu aus.

19 Sie empfehlen eine Aktienfondsquote von 50 Prozent auch für Ältere. Ist das nicht unverantwortlich?

Auch ältere Menschen können häufig über einen längeren Zeitraum investieren und brauchen nicht alles Angesparte zu Rentenbeginn. Daher sind auch für sie Aktienfonds eine sinnvolle Geldanlage. Sicherheitsorientierten Sparern raten wir zum defensiven Portfolio mit einer Aktienfondsquote von 25 Prozent. Wer gar keine Aktien mag, kann für eine Zusatzrente auch eine Rentenversicherung gegen Einmalbeitrag abschließen. Sie zahlt ein Leben lang, Auszahlungen und Renditen sind aber gering.

20 Was mache ich, wenn ich nach Ablauf der ursprünglichen Laufzeit des Auszahlplans noch lebe, aber kein Geld mehr da ist?

Sie müssen Ihre monatlichen Auszahlungen nicht jährlich erhöhen, wenn Sie dem vorbeugen wollen. So bauen Sie noch mehr Puffer auf. Oder Sie steigern die Auszahlungen nur in Höhe der Inflationsrate. Rechnen Sie bei der jährlichen Anpassung nie mit weniger als fünf Jahren Restlaufzeit.

Anlegen mit Autopilot

Der Pantoffel ist sehr bequem. Es gibt aber noch einen weniger aufwendigen Weg, Geld anzulegen und zu sparen: die automatisierte Vermögensverwaltung, auch Robo-Advisor genannt.

Wer heute mit dem Auto von A nach B fährt, hat bei neueren Fahrzeugen Fahrerassistenzsysteme zur Verfügung, zum Beispiel die adaptive Geschwindigkeitskontrolle. Dann beschleunigt der Wagen bis zur von der fahrenden Person festgelegten Geschwindigkeit und verringert sie bei Bedarf, wenn ein Fahrzeug vor dem eigenen auftaucht. Das wird auch als teilautonomes Fahren bezeichnet.

Wenn das Pantoffel-Portfolio das teilautonome Fahren der Geldanlage ist, dann ist der Robo-Advisor sozusagen die vollautonome Version. Bei dieser Art der Vermögensverwaltung geht noch mehr automatisch als beim Pantoffel-Portfolio. Der Anleger oder die Anlegerin legt einmal die Ziele fest und muss dann im Idealfall gar nichts mehr tun. Der Robo ist eine Computer-Software. Sie teilt das Geld auf, steigt in Zielmärkte ein, ändert die Gewichtung bei Bedarf und legt Erträge und Sparraten sowie Zuzahlung der Strategie entsprechend an.

Dazu brauchen Robos eine Logik, nach der sie vorgehen. Diese Logik, auch Algorithmus genannt, haben Menschen sich ausgedacht. Aber in die Anlageentscheidung für einzelne Anlegende greift bei den Robos niemand mehr ein. Daher der Namensbestandteil „Robo". Der ist eine Kurzform von „Roboter", und dieses Wort wiederum kommt vom tschechischen Wort „Robota", welches „Arbeit" bedeutet.

Der Robo macht also die ganze Arbeit. Der zweite Namensbestandteil „Advisor" bedeutet „Berater", was etwas in die Irre führt, weil der Robo zwar die Ziele und Risikotoleranz der Anlegenden erfasst, auswertet und in einem Portfolio umsetzt, aber eine Beratung im eigentlichen Sinn findet nicht statt. Robos sind meist als „Finanzportfolio-Verwalter" zugelassen.

Der Robo hilft, die bei Geldanlagen manchmal irrationale und von Emotionen getriebene Entscheidungsfindung des Menschen zu eliminieren. Sobald der Algorithmus läuft, tut er genau das, was ihm beigebracht wurde. Angst, Herdentrieb und Gier können der Logik nichts anhaben. Der Robo hält sich streng an seine Vorgaben und Regeln. Das ist komfortabel.

Robos basieren grob auf zwei verschiedenen Ansätzen: Entweder wird den Kundinnen und Kunden ein fixes Portfolio aus ETF vermittelt. In regelmäßigen Abständen wird das Portfolio geprüft und die ursprüngliche

Nachhaltig handeln

Bei der Mehrzahl der untersuchten Robos gibt es sowohl herkömmliche als auch nachhaltige Depotvarianten. Sie unterscheiden sich zwar nicht vom Konzept, aber mitunter von den Kosten – auch weil andere Fonds zum Einsatz kommen, zum Teil auch gemanagte. Das treibt die Kosten in die Höhe. Unser Musterkunde im Test bekam zum Beispiel Klassiker wie den Ökovision von Ökoworld, einen streng nachhaltigen, aber auch sehr teuren Fonds. Wer mit nachhaltigen ETF arbeiten möchte, steht vor dem Dilemma, dass die erhältlichen Produkte zwar günstig, aber weniger streng sind.

Gewichtung wiederhergestellt, ganz wie beim Pantoffel-Portfolio, aber eben automatisch. Daneben gibt es dynamische oder aktive Ansätze. Hier können Robos die Gewichtung der Anlagen in Abhängigkeit von Marktbewegungen stark – aber auch automatisiert – verändern, oder aber sie wird wie bei gemanagten Fonds von Menschen aktiv verändert.

Allen Ansätzen gemein ist, dass sie zu Beginn die Risikoneigung und Risikotragfähigkeit der Anlegenden ermitteln. Darauf basierend wird der Anlagevorschlag erstellt.

Das Portfolio wird anschließend überwacht, um das Investment im vorher definierten Risikobereich zu halten.

Hellseherische Fähigkeiten haben aber auch die Robos nicht. In ihnen stecken zwar viel Intelligenz und die Analyse von Marktdaten über Jahrzehnte. Aber der feste Blick in den Rückspiegel birgt immer die Gefahr, dass der Wagen von der Straße abkommt, wenn unerwartet eine scharfe Kurve auftaucht. Das unterscheidet die Robos von vollautonom fahrenden Autos.

Ein wunder Punkt sind die Kosten. Robos sind oft teuer. Die gute Nachricht lautet jedoch: Es gibt – wenn auch wenige – kostengünstige Robos mit einem nach Einschätzung von Finanztest tauglichen Portfolio. Bei den Kosten machen meist die Entgelte für die Vermögensverwaltung den größten Batzen aus. Testsieger Quirion verlangt dafür 0,48 Prozent der Anlagesumme pro Jahr und bietet dazu auch preiswerte ETF: 0,16 Prozent pro Jahr fallen für das Musterportfolio an. Insgesamt erhielt Quirion das Testurteil Gut (Finanztest 7/2021).

Anlegende, die selbst einen günstigen ETF wählen und bei einem günstigen Depotanbieter verwahren, zahlen deutlich weniger. Diesen Kostennachteil gegenüber dem Pantoffel-Portfolio können Robos nur schwer ausgleichen. Deshalb sollten Anlegerinnen und Anleger, die sich für einen Robo entscheiden, wissen: Die Bequemlichkeit kostet Geld. Das gilt auch für Mischfonds, die oft noch teurer sind.

Mit Beimischungen die Rendite aufpeppen

Mehr Arbeit als beim Pantoffel-Portfolio, die Chance auf höhere Erträge, aber auch mehr Risiko – das bringt die Core-Satellite-Strategie. Sie eignet sich für aktive Anlegerinnen und Anleger.

Das Pantoffel-Portfolio bewährt sich seit seiner Vorstellung 2013 als einfache und ertragreiche Geldanlage. Dennoch ist sie manchen Anlegenden zu simpel oder nicht individuell genug. Für diese Personengruppe gibt es eine Erweiterungsmöglichkeit: die Core-Satellite-Strategie.

Hinter dem englischen Wort „Core" verbirgt sich ein Kerninvestment, das ein optimiertes Rendite-Risiko-Profil bieten soll. Im Pantoffel-Portfolio wäre der ETF auf den MSCI World das Kerninvestment. Das Kerninvestment wird flankiert von einem risiko- und renditearmen Teil, der Schwankungen dämpfen soll. Im Pantoffel-Portfolio entspricht das dem Tagesgeld.

Was der Pantoffel nicht kennt, sind die Satelliten-Investments, weil es einfach bleiben muss. Die Satelliten sollen das Beimischen individueller Bausteine ermöglichen. Als Satelliten infrage kommen zum Beispiel Branchen- oder Themen-ETF, etwa Investmentfonds zur grünen Energie, sowie Einzelaktien und Edelmetalle.

Das kann sogar dazu führen, dass einzelne Investments sowohl im Core als auch im Satelliten vertreten sind. Beispiele: Die Apple-Aktie steckt im ETF auf den MSCI World als Kerninvestment, sie kann aber auch als Einzelaktie als Satellit hinzugenommen werden. Auch in einem Themen-ETF „Technologie" könnte sie enthalten sein.

Core-Satellite trägt dem langfristigen Vermögensaufbau durch ein Kerninvestment, zum Beispiel dem Pantoffel, Rechnung. Dieses bleibt auf Dauer angelegt und macht mindestens 70 Prozent aus. Es berücksichtigt aber auch den Wunsch von Anlegenden, Chancen am Markt zu nutzen, die sie selbst entdeckt haben.

Damit das klappt, empfiehlt Finanztest, maximal 30 Prozent des Renditebausteins als Satelliten beizumischen. Sie können so den Spaß am Investieren ausleben, ohne Gefahr zu laufen, sich finanziell zu ruinieren, wenn die Satelliten am Endes des Tages doch nicht den gewünschten Ertrag bringen. Wenn Sie sehr risikoreiche Satelliten beimischen, zum Beispiel Einzelaktien, kann es sinnvoll sein, den gesamten Renditebaustein etwas kleiner und dafür den Sicherheitsbaustein etwas größer zu wählen.

Richtig auswählen mit der Fondsdatenbank

Sie sollten nur in ETF investieren, die zu Ihren Anlagezielen passen. Die Fondsdatenbank auf test.de hilft Ihnen.

Egal ob Sie schon Investmentfonds besitzen oder erst neu oder zusätzlich investieren wollen – ein Abgleich mit der Fondsdatenbank von test.de ist nie verkehrt. Am besten, Sie registrieren sich gleich unter test.de/login, falls Sie noch kein kostenloses Kundenkonto bei test.de besitzen. Damit erhalten Sie schon einfache Grundinformationen zu jedem Fonds.

Wer eine bezahlpflichtige Flatrate wählt, bekommt nicht nur Zugriff auf die Datenbank mit mehr als 22 000 Fonds und allen Informationen, sondern darüber hinaus auch auf alle Testergebnisse und Online-Artikel auf test.de sowie ausgewählte PDF.

Die Suche nach einem weltweit anlegenden ETF würde dann so ablaufen:

▶ **Auf der Startseite des Produktfinders (test.de/fonds)** wählen Sie im rechten Pulldown-Menü „Aktien Welt" aus (siehe Abbildung oben rechts).

▶ **Um alle ETF zu finden, die als Basisinvestment oder „Core" taugen,** wählen Sie in der oberen Filterleiste „Anlageerfolg" – „1. Wahl" aus. Dort sind auch ETF dabei, die Nachhaltigkeitsaspekte berücksichtigen oder sich auf andere Indizes beziehen, die auch als Basisanlage taugen (zum Beispiel, wenn sie zu einem kleinen Anteil zusätzlich Schwellenländer umfassen).

▶ **Wenn Sie in den MSCI World investieren wollen,** wählen Sie einen Fonds, dessen Namen die Bezeichnung des Index enthält. Sie können genau diese Fonds auch herausfiltern, indem Sie das Pulldown „Weitere Filter" öffnen und unter „Index (Name und Nachbildung)" und „Nachgebildeter Index" das Häkchen bei MSCI World setzen. Dazu müssen Sie in der Auswahl ein ganzes Stück nach unten scrollen, da die Indizes alphabetisch sortiert sind.

▶ **Dann erhalten Sie eine Liste mit knapp 20 Fonds.** Zirka 15 davon sind ETF und damit erste Wahl. Die Kosten liegen zwischen 0,12 und 0,50 Prozent.

▶ **Nun können Sie weiter nach ausschüttenden oder thesaurierenden Fonds filtern** („Weitere Filter" – „Ertragsverwendung") oder nur nach physisch replizierenden („Index (Name und Nachbildung)" – „Nachbildungsmethode" – „Optimiert") et cetera.

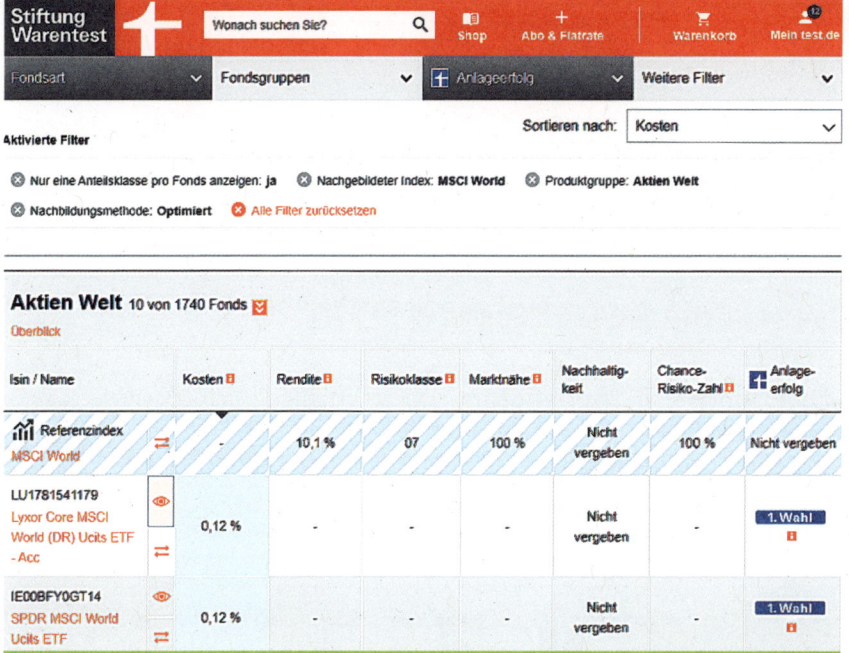

Nahezu alle ETF sind an einer deutschen Börse handelbar (was wegen der Kosten zu empfehlen ist). Bei Sparplänen hängen Sie aber davon ab, ob Ihre Bank auch auf diesen ETF einen Sparplan anbietet. Falls nicht, wählen Sie eine der Alternativen aus der Liste mit Ihren gefilterten Fonds.

Und so setzen Sie Ihr Pantoffel-Portfolio auf (siehe auch test.de/Pantoffel-Portfolio):

▸ **Risikoeinstellung festlegen** und Pantoffel-Variante wählen. Sie sollten sich gut überlegen, welches Risiko Sie eingehen möchten, denn danach bemisst sich die Mischung aus Aktien-ETF und Tagesgeld.

▸ **Depot eröffnen.** Falls noch nicht vorhanden, brauchen Sie eine Depotbank. Günstig sind Direktbanken oder Neobroker. Gut, wenn sie gute Konditionen beim Einzelkauf von ETF bietet oder so-

gar eine Reihe von ETF ohne Provision offeriert. Siehe dazu auch im Hilfe-Abschnitt S. 151 und test.de/depotkosten.

▸ **Tagesgeldkonto eröffnen.** Sie können, müssen aber nicht Ihr Tagesgeldkonto für den risikolosen Teil Ihres Pantoffel-Portfolios bei derselben Bank führen wie Ihr ETF-Depot. Achten Sie dabei auf das Niveau der Einlagensicherung sowie auf dauerhaft gute Zinsen. Siehe auch test.de/zinsen.

▸ **Aktien-ETF aus der Finanztest-Fondsdatenbank auswählen.** Besonders empfehlenswert sind ETF mit der Kennzeichnung „1. Wahl" auf weltweit breit streuende Indizes, so wie oben am Beispiel des MSCI World dargestellt.

▸ **Mindestens einmal im Jahr** prüfen Sie, ob die tatsächliche Mischung in Ihrem Portfolio noch zur gewünschten Mischung passt.

Maßnahme 4: Betongold

Immobilien gehören wie Aktien zu den Sachwerten. Deshalb kann ihnen die Inflation langfristig wenig anhaben. Aber sie sind pflegeintensiv und bergen eine Reihe anderer Risiken. Sie sind also kein einfaches Investment.

Das meiste Geld dieser Welt steckt weder in Aktien noch in Anleihen, sondern in Immobilien. Sie sind mit Abstand die größte Anlageklasse. An ihr kommt niemand vorbei, denn jeder Mensch muss irgendwo wohnen. Auch die Erwerbsarbeit findet bei den meisten Menschen in einer Immobilie statt. Zudem sind Immobilien Sachwerte wie Aktien oder Edelmetalle. Damit sind sie gegen Geldentwertung relativ unempfindlich.

Dennoch liegen die Dinge bei Immobilien weniger einfach und eindeutig als bei Aktien, gemanagten Fonds und ETF. So ist die Wohnimmobilie, sofern nicht vermietet, sondern selbst genutzt, kein reines Investment, sondern ein Mittelding zwischen Konsum und Anlagegut. Nicht umsonst warben die Sparkassen eine Zeit lang mit dem Slogan: „Die eigenen vier Wände sind die einzige Altersvorsorge, von der Sie heute schon etwas haben."

Betrachtet man die Immobilie als Anlagevehikel, fällt auf: Immobilien bewegen sich im Wert grundsätzlich und über längere Zeiträume in dieselbe Richtung wie Aktien, aber sie schwanken weniger stark. Zudem bringt jede Immobilie nach dem Kauf das Portfolio von Anlegerinnen und Anlegern in seiner Mischung und Streuung für viele Jahre aus dem Gleichgewicht, weil eine Immobilie dann den weit überwiegenden Teil des Vermögens ausmacht. Man spricht auch vom Klumpenrisiko. Außerdem müssen Erwerbende für die Immobilie meist den Großteil ihrer Ersparnisse auflösen, weil Eigenkapital erforderlich ist. Das gilt auch für die vermietete Immobilie.

Nicht verschwiegen werden sollten die Risiken der Immobilie. So kann nach einer Scheidung ein Notverkauf unausweichlich werden. Auch Nachbarschaftsstreitigkeiten können Geld und Nerven kosten.

Als Alternative bietet sich für alle, die kein Wohneigentum, keine Mietwohnung und keine Gewerbeimmobilie kaufen wollen oder können, der Erwerb von Immobilienfonds an. Die gibt es als offene und geschlossene Variante. Letztere kann als unternehmerische Beteiligung mehr Ertrag bringen als Erstere, ist aber oft auch wesentlich riskanter und mit hohen Kosten verbunden. Für die meisten Anlegenden bleibt deshalb der offene Immobilienfonds die Variante der Wahl. Er glättet die Wertentwicklung eines Aktienportfolios, wenn er beigemischt wird.

In jüngerer Vergangenheit sind durch innovative Fintechs nachrangige Immobiliendarlehen in Mode gekommen. Aber die sind ähnlich riskant wie geschlossene Fonds, weil sie in genau ein Objekt investieren.

Eigenheim – der Traum mit dem gewissen Risiko

Viele Menschen wünschen sich immer noch die eigenen vier Wände. Einen garantierten Inflationsschutz bieten sie nicht.

Wer in München 2003 ein Einfamilienhaus mit 150 Quadratmetern Wohnfläche in guter Wohnlage erwarb, hat ein ordentliches Geschäft gemacht. 2022 waren solche Objekte oft mehr als 2 Millionen Euro wert und haben sich damit im Preis mehr als verzweieinhalbfacht. Das entspricht einer jährlichen Preissteigerung von mehr als 4,7 Prozent. Wahr ist aber auch, dass diese Preissteigerung eigentlich komplett seit 2011 stattgefunden hat. Jemand, der das Haus dann erstanden hätte, könnte sich nicht nur über 9,7 Prozent jährlichen Zuwachs freuen, sondern hätte sich

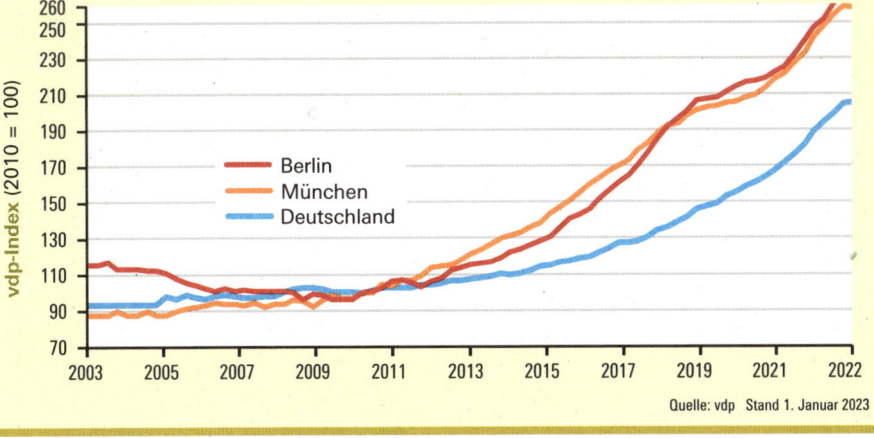

Seit 2011 stiegen die Preise stark an

Sowohl für das Bundesgebiet als auch für die beispielhaft ausgewählten Städte Berlin und München gibt es einen klaren Trend: Seit 2011 stiegen die Preise für Wohnimmobilien stark und stetig an – in Ballungsräumen wie der Bundes- und der bayerischen Landeshauptstadt noch stärker als bundesweit.

Berlin
München
Deutschland

vdp-Index (2010 = 100)

Quelle: vdp   Stand 1. Januar 2023

auch acht Jahre Kosten und Instandhaltungsaufwand gespart. Für Gesamtdeutschland ergibt sich ein ähnliches Bild wie für München, nur dass sich hier die Preise lediglich verdoppelt haben. Das bringt eine durchschnittliche Preissteigerung von 3,5 Prozent pro Jahr seit 2003 und 5,9 Prozent von 2011 bis Ende 2022.

Diese Beispiele zeigen, wie es um Preisentwicklung und Inflationsschutz bei Immobilien bestellt ist. Langfristig schützen Immobilien vor Geldentwertung, auch wenn die Besitzer schon zwischen 1992 und 2011 sehr viel Geduld an den Tag legen und streckenweise sogar leichte reale Verluste akzeptieren mussten. Zudem verursachen Immobilien Instandhaltungsaufwände, die vom Wertzuwachs durch Preissteigerung abgezogen werden müssen. Bei der Rendite hatten diejenigen das meiste Glück, die kurz vor 2011 eingestiegen sind. Langfristig ist das Ergebnis bundesweit nach Abzug der Inflation eher durchwachsen.

Doch auch hier gilt wieder: Der Blick in den Rückspiegel ist bedingt tauglich, wenn die Straße, auf der man fährt, kurvenreich ist. Ob Immobilien der Renditerenner bleiben, der sie in den letzten zehn Jahren waren, oder ob eine Korrektur der Preise droht, vermag heute niemand verlässlich zu sagen. Erste Anzeichen für eine Preiskorrektur sind Ende 2022 sichtbar. Sollten die Preise auf Dauer stark sinken, dann würde dies nicht nur die Rendite vernichten, sondern auch den Inflationsschutz überlagern, den Immobilien als Sachwertanlagen zweifelsohne bieten.

Sollten Anlegende also die Finger von Immobilien lassen, lieber Mieter bleiben und stattdessen ihr Geld in Aktien stecken? Die Antwort auf diese Frage ist mehrschichtig und komplex. Zuerst einmal ist ganz grob festzuhalten, dass Aktienmärkte unter dem Strich besser abschnitten als Immobilien. Allerdings bleiben Aussagen mit diesem Anspruch auf Allgemeingültigkeit natürlich angreifbar, da es in beiden Kategorien immer Teilmärkte und Zeitabschnitte geben wird, für die das nicht gilt.

Allerdings widerspräche es dem Portfoliogedanken, der auf eine gute Mischung und Streuung der Anlagen setzt, Immobilien völlig außen vor zu lassen. Denn Immobilien helfen aufgrund ihrer geringen Wertschwankungen und vergleichsweise sicheren Mieteinnahmen oder -ersparnissen, die Performance eines Portfolios zu verstetigen. Immobilien- und Aktienmärkte sind nicht sehr stark korreliert. Das heißt, sie entwickeln sich kurzfristig oft gegenläufig.

Das Problem liegt in der schieren Größe der Investition: Eine selbst genutzte Immobilie kostet meist einen sechsstelligen Betrag. Und damit bringt sie fast jedes Portfolio von privaten Anlegerinnen und Anlegern aus der Balance: Die Immobilie wird zum alles beherrschenden Bestandteil der Anlagen. Zudem müssen viele von ihnen ihre Aktien, Anleihen und Fonds zu Geld machen, wenn sie ein Haus oder eine Wohnung kaufen. Denn ohne Eigenkapital bekommen sie keine Finanzierung.

Die Zwitterstellung der selbst genutzten Immobilie kann ihren Erwerb dennoch rechtfertigen. Denn sie ist nie nur reines Anlagevehikel, sondern immer auch langlebiges Konsumgut, das meist sogar an die Kinder weitergegeben werden soll. Und da Menschen nun mal irgendwo wohnen müssen, spitzt sich die Frage dann zu auf: „Kaufen oder mieten?" Viele Jahre war diese Frage einfach zu beantworten: Kaufen war meist der bessere Weg.

Doch heute ist die Antwort auf diese Frage nicht mehr so eindeutig. Das hängt damit zusammen, dass sich ein wesentlicher Kennwert stark verändert hat: der Vervielfältiger. Er gibt an, wie viel Jahresnettokaltmieten ein Mieter aufwenden muss, um die Immobilie, in der er wohnt, zu kaufen. Er betrug über Jahrzehnte in einfachen Lagen 15 und in sehr guten Lagen 25.

Doch weil die Mieten im vergangenen Jahrzehnt längst nicht so stark stiegen wie die Kaufpreise, liegt die Spanne heute eher zwischen 20 und 40. Das bedeutet umgekehrt: Die Mieteinsparung wird heute viel teurer erkauft als noch vor zehn oder

Mieten oder kaufen? Die Stiftung Warentest stellt dazu im Internet unter test.de/kaufen_oder_mieten einen Rechner bereit. Wir raten Nutzerinnen und Nutzern, verschiedene Szenarien mit unterschiedlichen Eingaben zu rechnen, um ein Gefühl für die Stellschrauben ihrer Entscheidung zu bekommen.

Wie viel darf die Immobilie kosten?

Wer Wohneigentum anstrebt, sollte zuerst die eigene finanzielle Leistungsfähigkeit auf den Prüfstand stellen.

WELCHE RATE KANN ICH MIR LEISTEN?

Wie hoch ist Ihre Miete (Nettokaltmiete in Euro pro Monat)?		1 300
Wie viel haben Sie im Durchschnitt der letzten beiden Jahre im Monat gespart (Euro)?[1]	+	750
Wie groß soll Ihr Haus oder Wohnung sein (m²)?		100
Pauschale für Nebenkosten pro m² und Monat (Bewirtschaftung, Heizung, Rücklage für Instandhaltungen)	×	4,00
Bewirtschaftungskosten (Euro)	–	400
Maximale Kreditrate pro Monat (Euro)	=	1 650

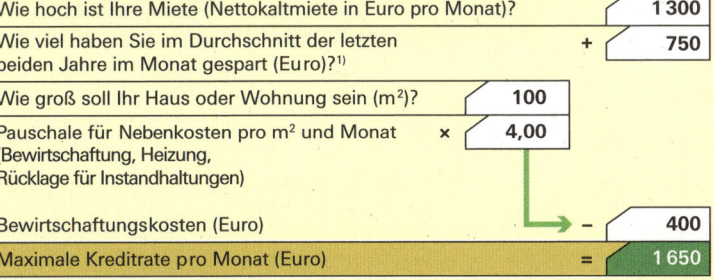

WIE VIEL KREDIT KANN ICH AUFNEHMEN?

Aktueller Zinssatz für Darlehen mit 15 oder 20 Jahren Zinsbindung (Prozent pro Jahr)		3,50
Tilgungssatz (Prozent pro Jahr), mindestens 2 %	+	2,00
Annuität (Prozent pro Jahr)	=	5,50
	:	5,50
12 (Raten pro Jahr) x 100	×	1 200
Maximale Kreditsumme (Euro)	=	360 000

Die monatliche Belastung sollte die aktuelle Nettokaltmiete und die Sparraten sowie die zu erwartenden Bewirtschaftungskosten nicht übersteigen. Daraus ergeben sich die Höhe des möglichen Kredits und der maximal finanzierbare Kaufpreis.

WIE HOCH DARF DER KAUFPREIS SEIN?

Verfügbares Eigenkapital (Euro)	+	112 000
Reserve zum Beispiel für Umzug (Euro)	–	10 000
Finanzierbare Gesamtkosten (Euro)	=	462 000
Kaufnebenkosten in Prozent des Kaufpreises[2]		10
	+	100
Gesamtkosten in Prozent des Kaufpreises	=	110
	:	100
Divisor	=	1,1
	:	1,1
Finanzierbarer Kaufpreis (Euro)		420 000

1) Variante: Ermitteln Sie anhand Ihrer Kontoauszüge den durchschnittlichen monatlichen Überschuss Ihrer Einnahmen über Ihre Ausgaben.

2) Grunderwerbsteuer, Notar- und Grundbuchkosten und Maklerprovision.

zwanzig Jahren. Kaufen lohnt sich also weniger als früher. Natürlich kann man argumentieren, dass durch den gestiegenen Vervielfältiger bei steigenden Mieten auch der Vermögenszuwachs der Erwerbenden höher ausfällt als früher, aber solange sie nicht wieder verkaufen, bleibt der Gewinn auf dem Papier und damit Theorie.

Das ist bei der Vermietung, die Gegenstand des nächsten Abschnitts ab S. 76 sein wird, anders, weil der Verkauf hier häufig fest einkalkuliert ist und in der Regel auch stattfindet. Aber verkaufen wollen Selbstnutzende ja gerade nicht, weil sie in ihrer Immobilie leben und sie oft an die Kinder weitergeben möchten.

Außerdem ist nicht auszuschließen, dass der Vervielfältiger irgendwann auch wieder sinkt, weil die Preise zurückgehen oder die Mieten langsam aufholen. Am Ende des Tages kann die Frage „Mieten oder kaufen?" nur sehr individuell beantwortet werden.

Da die Entscheidung für den Kauf einer Immobilie aber selten ausschließlich von Zahlen und Renditen getrieben ist, sondern der Wunsch nach den eigenen vier Wänden und die damit verbundene Unabhängigkeit und Gestaltungsfreiheit eine große Rolle spielen, lautet die nächste Frage für viele jenseits aller Renditeszenarien folgerichtig: Wie viel Immobilie kann ich mir denn leisten? Das Schema auf S. 73 bietet eine Rechenhilfe und berücksichtigt dabei bereits die wesentlichen Nebenkosten bei Kauf und Nutzung der Immobilie.

Das Schema berücksichtigt zudem den Grundsatz der Vorsicht: Es lässt für die laufenden Kosten pro Monat nur die bisherige Nettokaltmiete und die freien Sparbeiträge einfließen. Natürlich können Erwerbende den Gürtel für ein paar Jahre enger schnallen, aber der Konsumverzicht gelingt nicht immer, und eine auf Kante genähte Finanzierung kann auch scheitern. Außerdem müssen von Anfang an die Nebenkosten und vor allem die Instandhaltungsrücklage bedient werden, denn nach zehn Jahren fangen meist die Reparaturen an.

Und selbst wenn die Finanzen passen und der Pflegeaufwand sich in Grenzen hält, birgt die Immobilie Risiken, die nicht unter den Tisch gekehrt werden dürfen. Eigentümerinnen und Eigentümer sind verschiedenen Einflüssen vor Ort ausgesetzt, denen sie nur schwer entrinnen können:

▸ **Naturkatastrophen:** Extreme Wetterlagen nehmen zu. Die Flut im Ahrtal 2020 zeigte auf furchtbare Weise, wie die Natur Existenzen vernichten kann.

▸ **Altlasten:** Dazu muss die Immobilie nicht einmal auf ehemaligem Industriegrund stehen. Manchmal reichen schon Baustoffe, die sich später als gesundheitsschädlich herausstellen, so etwa Asbest, der bis 1993 verbaut wurde. Die Sanierung kann teuer werden.

▸ **Streit:** Etwa Nachbarschaftszwist oder Scheidungen. Beide führen mitunter dazu, dass die Immobilie zur Unzeit unter Wert verkauft werden muss.

Besichtigung einer Immobilie

Der Kauf einer Immobilie gehört zu den größten Einzelinvestments, die ein Privathaushalt üblicherweise vornimmt. Denken Sie dabei an folgende Punkte:

☐ **Allgemeine Daten:** Adresse, Baujahr, Etagen

☐ **Grunddaten des konkreten Objekts** (etwa Eigentumswohnung): In welcher Etage? Wohnfläche? Zimmeranzahl? Keller vorhanden und trocken? Gehört ein Stellplatz zur Wohnung/welche Parkmöglichkeiten gibt es? Gibt es einen Aufzug?

☐ **Balkon oder Garten:** Gibt es einen Balkon oder einen Gartenanteil?

☐ **Zustand der Immobilie:** Wie ist der Zustand des Mauerwerks und des Daches? Besitzt das Haus eine Wärmedämmung?

☐ **Ausstattung:** Wie alt und in welchem Zustand sind die Fenster, die Heizung und die Sanitäranlagen? Wie steht es mit der Elektrik und den Wasser- und Heizungsleitungen? In welchem Zustand ist der Bodenbelag? Wird eine Einbauküche mit verkauft?

☐ **Räume:** Wie ist Raumaufteilung? Wie ist die Besonnung und Lage?

☐ **Lage:** Wie ist der Ausblick? Gibt es Lärm- oder Geruchsbelästigung, beispielsweise durch eine viel befahrene Straße oder Industriebetriebe?

☐ **Sonstiges:** Gibt es weitere Punkte, die förderlich oder hinderlich für eine Vermietung sind?

Haben Sie diese Unterlagen vor dem Immobilienkauf erhalten und geprüft?

☐ Grundbuchauszug und Lageplan

☐ Teilungserklärung

☐ Baubeschreibung

☐ Protokolle der Eigentümerversammlungen

☐ Wirtschaftspläne

☐ Nebenkostenabrechnungen

☐ Energieausweis

☐ Kopie des Versicherungsscheins der Gebäudeversicherung

☐ Mietvertrag

Vermietete Immobilie – Renditen unter Druck

Die Mietwohnung hatte lange Zeit ihren festen Platz in den Portfolios vermögender Anlegerinnen und Anleger. Doch steigende Kaufpreise drücken die Renditen für Einsteiger.

Andere bezahlen meine Immobilie ab – das ist in einem Satz zusammengefasst die Idee, die hinter einer vermieteten Wohnung oder einem vermieteten Haus steckt. Und grundsätzlich funktioniert das auch, aber mit Wenns und Abers. Schon beim Eigenheim im vorherigen Abschnitt wurde deutlich, dass Mieten besser sein kann als Kaufen, weil Eigenheimbesitzende sich die Mieteinsparung (zu) teuer erkaufen. Dies heißt umgekehrt betrachtet aus Vermieterperspektive: Das Projekt Mietwohnung lohnt sich dann nicht wirklich.

Im Unterschied zum Eigenheim ist die vermietete Immobilie aber ein reines Wirtschaftsgut. Emotionen sollten hier eine untergeordnete Rolle spielen, es kommt auf die Rendite an. Das niedrige Zinsniveau und der Mangel an rentablen Anlagealternativen haben einen Run auf vermietete Immobilien ausgelöst. Das hat die Preise nach oben und spiegelbildlich die Renditen bei vermieteten Immobilien gedrückt.

Lag das Verhältnis von Kaufpreis und Jahresnettokaltmiete, der Vervielfältiger, im Bundesschnitt bei Wohnungen je nach Lage noch bei 13 bis 17, so stieg es bis Ende 2021 auf 24 bis 32. Da die Mietrendite der Kehrwert des Vervielfältigers ist, entspricht das einem Absinken der Rendite von 5,9 bis 7,7 Prozent auf 3,1 bis 4,2 Prozent.

Das liegt im Wesentlichen daran, dass die Mieten auch bei Neuvermietungen nicht mit den Preissteigerungen bei Immobilien Schritt halten konnten. Grund dafür sind nicht nur die Mietkappungsgrenzen und Mietendeckel, sondern die Tatsache, dass Mieten auch in Gebieten ohne Wohnungsknappheit in aller Regel nur bei Neuvermietungen frei vereinbart werden können. Und selbst dann wirken die Bestandsmieten als eine Art Referenzpreis.

Bestandsmieterinnen und -mieter müssen nicht jede Mieterhöhung akzeptieren. Was aus Sicht der Mietenden positiv ist und den sozialen Frieden sichert, verringert für alle, die Vermieterin oder Vermieter werden wollen, zunehmend die Ertragsaussichten, wenn die Kaufpreise den Mieten davonlaufen. Immerhin haben Vermieterinnen und Vermieter in spe im Gegensatz zu Eigenheimbewohnenden einen größeren Frei-

BERECHNUNG DER RENDITE
So rechnet sich eine vermietete Eigentumswohnung

KAUFPREIS-MIETE-VERHÄLTNIS

Kaufpreis (Euro)		300 000
geteilt durch Nettokaltmiete pro Jahr (Euro)	:	12 000
ergibt Kaufpreis-Miete-Verhältnis	=	25

BRUTTOMIETRENDITE

Nettokaltmiete pro Jahr (Euro)		12 000
geteilt durch Kaufpreis (Euro)	:	300 000
ergibt Bruttomietrendite (Prozent)	=	4,0

NETTOMIETRENDITE

Kaufpreis (Euro)		300 000
Nebenkosten (Makler, Notar, Grunderwerbsteuer, Grundbuch)	+	30 000
Renovierungskosten	+	0
Investitionskosten	=	330 000

Nettokaltmiete pro Jahr (Euro)		12 000
2 Prozent der Nettokaltmiete pro Jahr pauschal für Mietausfallrisiko	−	240
Verwaltungskosten pro Jahr (Haus- und Mietverwaltung)	−	600
Instandhaltungskosten pro Jahr (12 bis 13 Euro pro m² Wohnfläche)	−	1 200
Jahresreinertrag	=	9 960
Investitionskosten	:	330 000
Nettomietrendite (Prozent)	=	3,0

ÜBERSCHUSS ODER UNTERDECKUNG*

Nettokaltmiete (Euro)		12 000
Instandhaltungs- und Verwaltungskosten (alle nicht umlegbaren Kosten)	−	1 800
Kreditrate	−	13 200
Steuern oder plus Steuervorteil	+	958
Überschuss/Unterdeckung	=	−2 042

*) **Annahmen:** Kredit in Höhe von 80 Prozent des Kaufpreises, Zinssatz 3,5 Prozent, Tilgungssatz 2 Prozent. Steuern: Ehepaar mit einem zu versteuernden Einkommen von 100 000 Euro, abschreibbarer Gebäudeanteil 70 Prozent des Kaufpreises.

heitsgrad bei der Wahl des Objekts und dessen Standort. Das bedeutet: Sie können gezielt nach Objekten und Standorten suchen, bei denen die Kaufpreise noch nicht aus dem Ruder gelaufen sind. Dann kann es sich immer noch lohnen zu vermieten.

Der Weg zur passenden Mietimmobilie besteht aus sieben Schritten:

1 Objekt-Vorauswahl anhand des Vervielfältigers treffen: Jeder gute Kaufmann und jede gute Kauffrau kennt die Regel, dass der Gewinn im Einkauf liegt. Deshalb sortieren Sie alle Objekte aus, deren Vervielfältiger größer als 25 ist. Das entspricht einer Bruttomietrendite von mindestens 4 Prozent. Diese Objekte finden sich in der Regel nicht mehr in Ballungszentren und A-Lagen, sondern eher in Mittelzentren und B-Lagen. Akzeptieren Sie trotzdem höhere Vervielfältiger, machen Sie sich eines bewusst: Sie schließen damit eine Wette auf künftige Mietpreissteigerungen oder künftige Verkaufserlöse ab.

2 Soll die Wohnung bereits vermietet oder noch frei sein? Für den Kauf einer vermieteten Wohnung spricht, dass die Höhe der erzielten Miete bekannt ist und sich damit gut kalkulieren lässt. Ideal ist es, wenn das Mietverhältnis bereits lange besteht und es keine Probleme mit dem Mieter gab. Der Kauf einer nicht vermieteten Wohnung hat den Vorteil, dass Neuvertragsmieten in der Regel deutlich höher sind als Mieten in bestehenden Mietverhältnissen. Diese können Sie nicht nach Belieben erhöhen, auch wenn es für die Wirtschaftlichkeit Ihrer Investition notwendig wäre.

3 Entscheidung für eine Objektart fällen: Wohnungskäufer sollten sich überlegen, ob sie eine Neubau- oder eine Altbauwohnung bevorzugen. Altbauten bestechen oft durch ihre innerstädtische Lage und schöne Fassaden, bergen aber das Risiko von unentdeckten Schäden. Neubauten und frisch sanierte Altbauten sind oft teurer, dafür ist anfangs der Instandhaltungsbedarf geringer. Ein Vorteil können auch der modernere Zuschnitt der Wohnung und die bessere Energieeffizienz sein. Ist die Wohnung noch nicht gebaut, sondern erst geplant, können Käufer noch Einfluss auf die Ausstattung nehmen. Der Kauf projektierter Wohnungen birgt aber spezielle Gefahren, zum Beispiel wenn der Käufer in Vorkasse geht und der Bauträger pleitegeht.

4 Lagefaktoren analysieren: Studieren Sie die Makro- und die Mikrolage der Immobilie (mehr dazu in der Checkliste rechts), um besser einschätzen zu können, wie ein Standort dasteht und wie er sich entwickeln könnte. Prüfen Sie auch das Potenzial für Mieterhöhungen. Kappungen und Deckel in Gebieten mit Wohnungsknappheit stehen dem entgegen.

Den Makrostandort prüfen

Versehen Sie die Punkte dieser Checkliste auch mit einem Plus- oder Minuszeichen, um einschätzen zu können, wie attraktiv ein Standort ist.

- ☐ Bevölkerungswachstum (Zuzug) und Bevölkerungsstruktur (Einwohnerzahl, Alter, Wohnsituation)
- ☐ Wirtschaftskraft
- ☐ Arbeitsplätze, kaum Arbeitslosigkeit
- ☐ Kommunalpolitik
- ☐ Aktivitäten der öffentlichen Hand
- ☐ Planungsvorhaben, Förderungen
- ☐ Immobilienmarkt: Immobilienbestände, Preisniveau

- ☐ Infrastruktur
- ☐ Verkehrsanbindung durch Straßen, Eisenbahn, Flughafen, öffentlichen Nahverkehr
- ☐ Geschäfte, Dienstleistungsangebot
- ☐ Ärztliche Versorgung
- ☐ Schulen, Kitas, Kindergärten
- ☐ Freizeitangebote, Sportstätten, kulturelles Angebot
- ☐ Landschaftliche Qualität
- ☐ Image und Lebensqualität
- ☐ Sicherheit

5 **Objekt-Endauswahl vornehmen:** Rechnen Sie die Objekte Ihrer Wahl anhand aller relevanten Parameter sauber durch. Nutzen Sie dabei das Schema auf S. 77 oder den Internetrechner der Stiftung Warentest unter test.de/vermietete-eigentumswohnung. Darin sind alle relevanten Kosten enthalten. Überlegen Sie auch, wann Sie frühestens aussteigen wollen. Das Minimum sind 10 Jahre, besser sind 20.

6 **Tappen Sie nicht in diese Fallen:** Lassen Sie die Finger von unsanierten Altbauten. Sanierungen bergen zu große Risiken. Lassen Sie sich nicht von den Steuervorteilen der Altbausanierung blenden. Eine vermietete Immobilie muss sich bereits vor Steuern rechnen. Kaufen Sie sich auch nicht in eine Wohnungseigentümergemeinschaft ein, in der dauernder Unfrieden herrscht. Lesen Sie die Protokolle der

Eigentümerversammlungen der letzten drei Jahre, und sprechen Sie mit der Hausverwaltung und dem Verwaltungsbeirat, falls es einen gibt. Klingeln Sie ruhig auch bei Nachbarn und erkundigen Sie sich.

7 **Finanzierung:** Optimieren Sie die Rendite Ihres eingesetzten Eigenkapitals, indem Sie das richtige Mischungsverhältnis von Fremd- und Eigenkapital wählen und eine günstige Finanzierung mit langer Zinsbindung abschließen. Mehr dazu lesen Sie im nächsten Kapitel ab S. 88.

Ist die richtige Immobilie zum Vermieten dann gefunden und gekauft, ist die Arbeit noch lange nicht zu Ende. Zwar können Sie Vermarktung, Vermietung und Bewirtschaftung an Maklerbüros und Hausverwaltungen delegieren. Doch diese Dienstleistungen kosten Geld.

Fazit: Vermieterinnen und Vermieter binden viel Kapital auf lange Zeit und haben deutlich mehr Arbeit als mit einem Wertpapierdepot. Wer diesen Aufwand scheut, bleibt lieber bei der Jagd nach guten Zinsen und interessanten Wertpapieren.

Offene Immobilienfonds – Beimischen ist möglich

Wer sich kein Eigenheim oder eine Wohnung zum Vermieten leisten kann oder will, aber trotzdem in Immobilien anlegen möchte, für den sind Offene Immobilienfonds eine Option.

Immobilien müssen nicht teuer sein – es gibt sie schon ab 25 Euro. Und nein, damit ist kein Puppenhaus gemeint, sondern Anteile an Offenen Immobilienfonds. Ähnlich wie bei Investmentfonds, die Aktien oder Anleihen enthalten, legen auch bei Offenen Immobilienfonds viele Anlegende ihr Geld zusammen, damit eine Fondsgesellschaft für sie Immobilien kauft und verkauft. Meist handelt es sich dabei um Gewerbeimmobilien. „Offen" bedeutet in diesem Fall: Alle Anlegenden, die Anteile am Fonds erwerben wollen, können dies tun. Und der Fonds darf in alle Immobilien investieren, die in seinen Anlagerichtlinien festgelegt sind. Diese können zum Beispiel regionale Einschränkungen auf Europa vorsehen. Außerdem darf der Fonds bis zu 49 Prozent Barguthaben halten.

Offene Immobilienfonds zeichnen sich durch eine moderate, aber vergleichsweise stabile Rendite deutlich über der von Staatsanleihen aus, zumindest wenn sie nach der Finanzkrise nicht verlustreich abgewickelt werden mussten. Pro Jahr waren in der Regel in den letzten zehn Jahren zwischen 1 und 3 Prozent drin, Ausreißer nach oben und unten bestätigten die Regel.

Gleichmäßig verläuft die Kurve auch deswegen, weil die Fonds – dank langfristiger Mietverträge – größtenteils leicht kalkulierbare Einnahmen generieren. Ihr Wert wird durch einen Gutachterausschuss festgelegt, der regelmäßig zusammentritt und das Fondsvermögen bewertet. Was eine Immobilie wirklich wert ist, stellt sich erst heraus, wenn sie verkauft wird, und zwischen Kauf und Verkauf liegen oft viele Jahre. So lange gilt, was der Gutachterausschuss sagt.

Nun könnten schlaue Leute auf die Idee kommen, den Tagesgeldanteil im Pantoffel-Portfolio (siehe S. 52) durch Offene Immobilienfonds zu ersetzen, weil diese eine stabile, wenn auch moderate positive Rendite bringen. Aber so einfach ist das nicht, denn Offene Immobilienfonds lassen sich anders als Aktienfonds und ETF nicht börsentäglich zurückgeben und zu Geld machen. Anlegende müssen seit Juli 2013 Anteile an

Nachhaltig handeln

Die Mehrzahl der Offenen Immobilienfonds berücksichtigt inzwischen Nachhaltigkeit bei ihren Anlage-Entscheidungen. Allerdings werden sie nur als „hellgrün" eingestuft, weil sie ökologische und soziale Merkmale gemäß Artikel 8 der EU-Offenlegungsverordnung lediglich beachten. Den strengeren „dunkelgrünen" Standard nach Artikel 9, bei dem es um aktive Veränderung durch Investitionsentscheidungen geht, erfüllt zum Redaktionsschluss dieses Buches im Januar 2023 kein Fonds. Die Finanzbranche hat 2022 einen Standard lanciert, der, wie der Name „Artikel-8-Plus" vermuten lässt, strenger als Artikel 8 ist, aber hinter Artikel 9 zurückbleibt. Diesen wiederum erfüllen die meisten Offenen Immobilienfonds.

Offenen Immobilienfonds nach dem Kauf mindestens 24 Monate halten und die Rückgabe 12 Monate im Voraus unwiderruflich ankündigen. So lange liegt das Geld fest.

Das war nicht immer so. Bis Mitte 2013 war die Rückgabe wie bei Aktienfonds börsentäglich möglich. Schon 2008 waren zehn Offene Immobilienfonds in Schwierigkeiten geraten, weil Anlegende, darunter auch

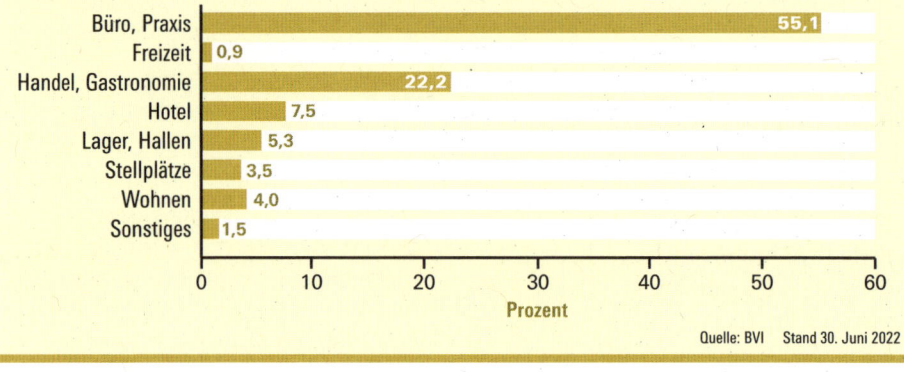

Die Gewerbeimmobilie dominiert im Fondsvermögen

Offene Immobilienfonds investieren in Liegenschaften, wobei Wohnimmobilien dabei kaum eine Rolle spielen. Die Fondsmanager kaufen meist Bürogebäude, Hotels, Einkaufszentren, Supermärkte und Lagerhäuser.

	Prozent
Büro, Praxis	55,1
Freizeit	0,9
Handel, Gastronomie	22,2
Hotel	7,5
Lager, Hallen	5,3
Stellplätze	3,5
Wohnen	4,0
Sonstiges	1,5

Quelle: BVI   Stand 30. Juni 2022

institutionelle Großinvestorinnen und -investoren, in der Finanzkrise sehr viele Anteile zurückgeben wollten. Gerade die Institutionellen hatten lange Zeit vom Mechanismus der Gutachterausschüsse profitiert, der Stabilität in der turbulenten Zeit versprach. Kritiker warfen ihnen damals vor, die Immobilienfonds entgegen dem Sinn dieser Anlage als Festgeldersatz missbraucht zu haben. Trotzdem war das Vorgehen der Institutionellen legal.

Die Barreserve der Fonds war schnell aufgebraucht, und die Immobilien im Fondsvermögen ließen sich in dieser schwierigen Zeit nicht schnell und nicht ohne größere Verluste zu Geld machen. Die Fonds setzten daher die Rücknahme der Anteile aus, was für zwei Jahre möglich war.

Nachdem die Lage sich bis 2010 nicht wesentlich entspannt hatte, gingen die Fonds in die Abwicklung. Das heißt, sie wurden für immer geschlossen und mussten nach und nach ihre Immobilien verkaufen.

In der Summe verloren Anleger 8,3 Milliarden Euro in der Immobilienkrise des Jahres 2008, da insgesamt 17 Offene Immobilienfonds zwangsweise ihre Objekte verkaufen mussten. Diese Fonds waren nicht mehr in der Lage, ihre verkaufswilligen Anteilseigner auszuzahlen, und mussten daher ihre Immobilien unter Zeitdruck verkaufen. Heute gelten Offene Immobilienfonds aufgrund der Gesetzesänderung als vergleichsweise krisenfest, aber weniger liquide.

Steuerliche Vorteile

Die Kapitalanlage in Immobilienfonds kann steuerliche Vorteile bieten. Anlegende zahlen auf 60 Prozent der Ausschüttungen und Verkaufsgewinne keine Abgeltungssteuer. Hat der Fonds seinen Anlageschwerpunkt im Ausland, sind es sogar 80 Prozent.

Dafür muss der Fonds aber überwiegend in ausländische Immobilien oder Auslandsimmobiliengesellschaften investieren. Diese legen ausschließlich in ausländischen Immobilien an. Ob der Fonds die Voraussetzungen dafür erfüllt, ergibt sich aus den Anlagebedingungen des Fonds. Diese finden Sie auf der Webseite des Fondsanbieters.

Geschlossene Immobilienfonds – nur für Wohlhabende

Hohes Risiko, hohe Kosten und wenig Transparenz – für die meisten kommen Geschlossene Fonds nicht infrage.

Geschlossene Immobilienfonds investieren genauso wie Offene Immobilienfonds in Immobilien. Doch mehr Gemeinsamkeiten gibt es nicht. Wer einen Anteil an einem Geschlossenen Immobilienfonds kauft, gehört damit zu einer Gruppe von Mitunternehmenden, die an Gewinn und Verlust beteiligt sind.

Geschlossene Immobilienfonds kommen seit 2013 meist als Alternativer Investmentfonds, kurz AIF, auf den Markt und fallen dann unter das Kapitalanlagegesetzbuch. Eine weitere mögliche Form ist die Kommanditgesellschaft (KG). Dann gilt das weniger strenge Vermögensanlagegesetz. Die KG hat zwei Arten von Gesellschaftern: den Komplementär, der mit seinem gesamten Vermögen haftet – und die Kommanditisten, die nur mit ihrer Einlage haften. Wer einen Geschlossenen Fonds in Form einer KG kauft, wird Kommanditist und kann maximal seine Einlage verlieren.

Schwierig ist für Anlegende, die Objekte zu beurteilen, in die der Fonds investieren will. Denn wer kann schon einschätzen, wie realistisch die Prognosen künftiger Mieterträge oder der Immobilienpreisentwicklung sind? Hilfreich ist manchmal die Leistungsbilanz eines Fondsinitiators. Wenn dieser bereits mehrfach unter Beweis gestellt hat, dass er das angebotene Geschäft beherrscht, ist das ein Pluspunkt. Dazu gehören mehrere erfolgreich platzierte und für die Anleger mit Gewinn abgewickelte Fonds.

Oft müssen Anlegerinnen und Anleger bei Geschlossenen Fonds mindestens 10 000 Euro einzahlen, was für viele ein zu großer Betrag für ein einzelnes Investment ist. Eine Garantie für Erträge gibt es in der Regel nicht. Sicher hingegen sind die Kosten. Sie betragen nicht selten 15 bis 20 Prozent des Anlagebetrags, inklusive eines Aufgelds, auch „Agio" genannt. Demnach ist ein beträchtlicher Wertzuwachs nötig, nur um aus der Verlustzone zu kommen.

Geschlossene Fonds haben zudem häufig eine sehr lange Laufzeit. Unterwegs erhalten Anlegende zwar oft Ausschüttungen, aber den Löwenanteil bekommen sie erst am Ende der Laufzeit zurück. Sie sollten sich deshalb sicher sein, das investierte Geld in den nächsten 10 Jahren nicht zu benötigen. Manchmal gibt es einen Zweitmarkt, über den sich Anteile verkaufen lassen, aber der ist nicht immer liquide und bringt mitunter hohe Abschläge auf den inneren Wert eines Fondsanteils mit sich.

Bei den meisten Geschlossenen Immobilienfonds erzielen Anlegende Einkünfte aus Vermietung und Verpachtung. Diese versteuern sie mit dem persönlichen Steuersatz. Die Abgeltungssteuer greift hier nicht. Veräußerungsgewinne sind nach Ablauf der zehnjährigen Spekulationsfrist steuerfrei.

Wer in einen Geschlossenen Immobilienfonds mit Objekt im Ausland investiert, muss die Erträge in der Regel nicht in Deutschland versteuern. Grund dafür sind Doppelbesteuerungsabkommen, die verhindern, dass Einkünfte zweimal der Steuer unterworfen werden. Anlegende versteuern dann die Erträge nach den Regeln des Auslands. Allerdings unterliegen sie in Deutschland dem Progressionsvorbehalt: Die in Deutschland steuerfreien Einkünfte aus dem Ausland werden bei der Ermittlung des Steuersatzes berücksichtigt.

Fazit: Geschlossene Immobilienfonds sind sehr intransparent und riskant. Sie eignen sich allenfalls für Vermögende, die ihr Geld bereits sehr breit gestreut angelegt haben.

Crowdfunding bei Immobilien – gute Idee, hohes Risiko

Die Schwarmfinanzierung hat die Immobilienbranche erreicht. Doch wenn es Probleme mit der Verzinsung oder Rückzahlung gibt, stehen Anlegende hinten in der Schlange der Gläubiger.

Mit kleinen Beträgen etwas Neues ermöglichen und dabei noch die Chance auf große Gewinne haben – die Bandbreite an Projekten, die über Crowdfunding, zu Deutsch Schwarmfinanzierung, versuchen, an Geld zu kommen, ist vielfältig. Sie reicht von der Start-up-Finanzierung bis zu Musikproduktionen. Aber die Immobilie als Anlageobjekt dominiert das Feld. Die Projekte stellen sich im Internet vor, beschreiben ihre Ziele und sagen, wie viel Geld sie benötigen. Der Investmentprozess läuft von der Zeichnung bis zur Verwaltung der Investments komplett digital ab.

Während einer festgelegten Zeitspanne entscheiden Anleger, ob sie Geld zusagen. In der Regel verleihen sie es gegen Zinsen und akzeptieren, im Insolvenzfall erst nachrangig bedient zu werden: Sie sind erst an der Reihe, wenn alle vorrangigen Gläubiger befriedigt worden sind – und noch Geld vorhanden ist. Man spricht daher von Nachrangdarlehen. Zwischen sechs und acht Prozent im Jahr wollen die Anbieter den Anlegern zahlen (Stand: Januar 2023). Das ist im derzeitigen Niedrigzinsumfeld verlockend.

Dennoch kann einiges schiefgehen: unerwartete Belastungen, Pfusch am Bau, ausbleibende Genehmigungen, ein Verkauf unter dem erhofften Preis und mehr. In der Summe sind die Risiken bei Immobilien, die erst noch errichtet werden, höher als beim Kauf und der Vermietung eines bestehenden Mietshauses oder Bürogebäudes. Zumal die Investitionsobjekte auch gerne mal im Ausland liegen, was die Transparenz der Anlage nicht unbedingt erhöht.

Kein Wunder, dass Projektentwickler den Schwarmfinanzierern mehr bieten, als für Festgeld zu holen ist. Die Anlegerinnen und Anleger müssen hohe Risiken tragen. Das liegt sowohl an den Projekten an sich als auch an der Rolle, die Anlegenden bei der Finanzierung zugedacht ist. Den Löwenanteil finanzieren in der Regel Banken. Ihre Kredite decken aber oft höchstens 80 Prozent der benötigten Summe ab. Den Rest müssen die Projektentwickler beisteuern. Wenn sie das nicht selbst mit eigenen Mitteln voll übernehmen konnten oder wollten, suchten sie sich auch früher schon Investoren, die ihnen Geld liehen und bereit waren, sich als Gläubiger im Rang hinter die Banken zu stellen. Das tut nun die Crowd. Sie gibt sich darüber hinaus mit niedrigeren Zinsen zufrieden, als es viele professionelle Investoren tun. Das erklärt die Liebe der Projektentwickler zur Schwarmfinanzierung.

Wie schnell das nachrangige Investment in die Verlustzone rutschen kann, zeigt die folgende Rechnung: Für ein Projekt mit 10 Millionen Euro steuert die Bank 8 Millionen Euro bei, der Projektentwickler eine halbe Million Euro und die Crowd die restlichen 1,5 Millionen Euro. Im ersten Szenario gibt es nach dem Verkauf nach zwei Jahren 12 Millionen Euro zu verteilen. Bank und Crowd erhalten ihr Geld mit dem vereinbarten Zins zurück. Der Entwickler hat den Einsatz mehr als verdoppelt. Im zweiten Szenario sind am Ende nur 9 Millionen Euro zu verteilen. Wieder bekommt die Bank ihren Kredit mit Zinsen zurück. Der Entwickler geht leer aus, und die Anleger verlieren etwa zwei Drittel ihres Einsatzes. Schon ein kleines Minus radiert also viel Kapital aus.

Fazit: Wie Geschlossene Immobilienfonds eignen sich Nachrangdarlehen nur für Vermögende, die ihr Geld bereits breit gestreut angelegt haben. Immerhin ist die Laufzeit der Crowdfundings in aller Regel kürzer und die Mindestanlagesumme deutlich niedriger. Das senkt das Risiko.

Maßnahme 5: Sich kontrolliert verschulden

Wer einen Kredit aufnimmt, zahlt bei Inflation gutes Geld mit schlechterem zurück. Das hilft bei der Tilgung, aber das finanzierte Projekt sollte auch ohne Inflation Sinn ergeben.

Was Sparerinnen und Sparer ärgert, freut alle, die Schulden haben: Die Geldentwertung hat für sie gleich zwei positive Effekte. Erstens zahlen sie Monat für Monat bei Geldentwertung real weniger zurück, auch wenn die Bank denselben Nominalbetrag vom Konto einzieht. Zweitens knabbert die Inflation auch unablässig an dem geschuldeten Betrag.

Und hier gilt: Steter Tropfen höhlt den Stein. Selbst wenn wir auf Dauer nur die von der EZB angestrebte Geldentwertung von zirka 2 Prozent hätten, würde das ausreichen, um einen geschuldeten Betrag innerhalb von 35 Jahren zu halbieren. Bei 5 Prozent Inflation wäre das schon nach etwas mehr als 14 Jahren der Fall.

Die Kehrseite der Geldentwertung ist allerdings: Erstens sind viele Schuldnerinnen und Schuldner auch Sparende, zum Beispiel, wenn sie eine Lebensversicherung abgeschlossen haben, die immer noch überwiegend in nominalwertbasierte Papiere wie Anleihen anlegt und deshalb von der Inflation mit voller Wucht getroffen wird.

Zweitens ist nicht garantiert, dass Kreditnehmende, die zugleich abhängig Beschäftigte sind, den vollen Lohnausgleich für die inflationsbedingten Kaufkraftverluste erhalten. Drittens schließlich kommt es entscheidend darauf an, was mit dem Darlehen finanziert wurde. Solange es sich dabei um Sachwerte wie Immobilien handelt, ist gegen ein Darlehen nichts einzuwenden. Auch langlebige Konsumgüter wie Autos kommen für Kreditfinanzierung infrage.

Allerdings gelten die guten alten Kreditregeln weiter: Eine Immobilie lässt sich selten vollständig auf Kredit, also ohne Eigenkapital erwerben. Kurzlebige Konsumgüter wie Reisen sollten Sie niemals kreditfinanzieren. Gleiches gilt für die Geldanlage: Spekulation auf Pump ist etwas für Profis. Privatleute können sich dabei ruinieren.

Fazit: Inflation hilft dabei, Darlehen für Immobilien oder langlebige Konsumgüter wie Autos zurückzuzahlen. Sie kann aber kein Freibrief dafür sein, die private Schuldenbremse generell zu lockern.

Immobilienfinanzierung – optimal ins Obligo

Der Zinsvergleich ist nur der erste Schritt zur Wunschimmobilie. Denn Angebote von Banken und Bausparkassen sowie die staatliche Förderung müssen aufeinander abgestimmt werden.

Sie haben Ihre Wunschimmobilie gefunden – sei es das Traumhaus, das Sie selbst bewohnen werden, oder die Wohnung zum Vermieten, die Ihnen zusätzliche Einnahmen und Vermögenszuwachs bescheren soll. Nun kommt eine Menge Papierkrieg auf Sie zu. Neben dem Kaufvertrag müssen Sie eine Finanzierung auf die Beine stellen, falls Sie das Objekt nicht komplett aus eigenen Mitteln bezahlen können.

Die ärgerlichste Ausgabe beim Erwerb sind die Kaufnebenkosten. Für Notar, Grundbucheintragung, Grunderwerbsteuer und Makler können bis zu 12 Prozent der Kaufsumme anfallen. Umgekehrt ausgedrückt brauchen Sie also für den Kauf der Immobilie nicht 100 Prozent des Kaufpreises, sondern bis zu 112. Mit anderen Worten: Selbst wer jahrelang und mühsam ein Eigenkapital von 20 Prozent des Kaufpreises an-

Eigenkapital, Bankdarlehen und eventuell Bausparkasse

Eine klassische Finanzierung besteht aus einem Bankdarlehen, das manchmal durch ein Bauspardarlehen ergänzt wird. Ohne Eigenkapital geht es aber selten, und auch die Nebenkosten von bis zu 12 Prozent für Notar, Grundbuch, Grunderwerbsteuer und Makler müssen Käufer einplanen.

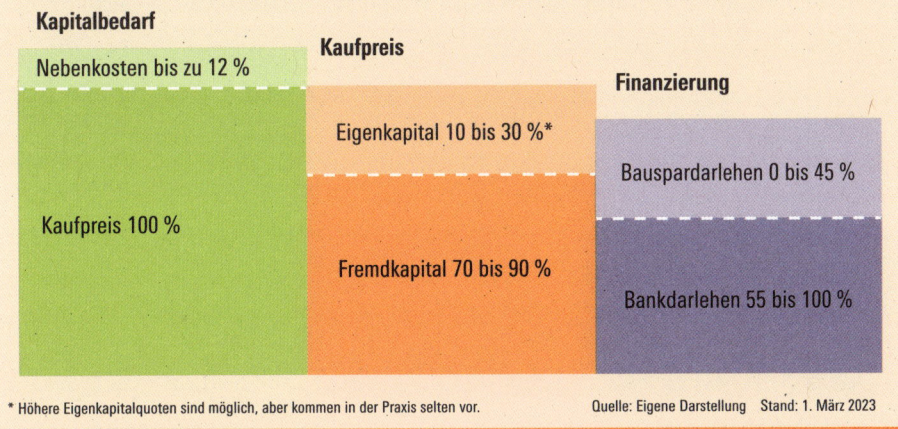

Kapitalbedarf

Nebenkosten bis zu 12 %

Kaufpreis 100 %

Kaufpreis

Eigenkapital 10 bis 30 %*

Fremdkapital 70 bis 90 %

Finanzierung

Bauspardarlehen 0 bis 45 %

Bankdarlehen 55 bis 100 %

* Höhere Eigenkapitalquoten sind möglich, aber kommen in der Praxis selten vor.   Quelle: Eigene Darstellung   Stand: 1. März 2023

gespart hat, kann davon nach Abzug der Nebenkosten nur knapp 10 Prozent für die Bezahlung der Immobilie einsetzen. Das ist oft die Untergrenze, die Banken bereit sind zu akzeptieren. Nur wenn Ihre persönliche Kreditwürdigkeit, genannt Bonität, ausreicht, bekommen Sie auch 100 Prozent der Immobilie finanziert, ohne zusätzliche Sicherheiten stellen zu müssen.

Als Geldgeber kommen Banken, Versicherungen und Bausparkassen in Betracht. Banken und Versicherungen gewähren zwei Arten von Darlehen: tilgungsfreie und Annuitätendarlehen. Letzteres ist in der Regel der Haupt- und oft sogar der alleinige Bestandteil einer Immobilienfinanzierung, der von vier Eckdaten abhängt:

▶ **Darlehenssumme.** Je mehr Geld Finanzierende aufnehmen, desto teurer wird das Darlehen. Das gilt absolut, aber auch relativ. Absolut deshalb, weil bei 200 000 Euro Darlehen natürlich pro Monat mehr zurückzuzahlen ist als bei

100 000 Euro. Relativ bedeutet, dass bei einer höheren Beleihung der Immobilie ab einer Grenze von zirka 45 Prozent des Marktwerts auch der Darlehenszins ansteigt, weil die Banken darin ein höheres Risiko sehen.

▶ **Zins.** Er ist das Entgelt für die Nutzung des geliehenen Kapitals. Er hängt von zahlreichen Faktoren ab, so von der Art der zu finanzierenden Immobilie, von der Beleihungshöhe, von der Zinsbindung (also: wie lange gilt dieser Zins?) und auch von der persönlichen Kreditwürdigkeit des Kreditnehmers. Zinsbindung und Laufzeit können gleich lang sein – dann liegt ein Volltilgerdarlehen vor. Bei jeder kürzeren Zinsbindung spricht man von einer Abschnittsfinanzierung, an deren Ende der Schuldner drei Möglichkeiten hat: das Darlehen zu den dann gültigen Konditionen mit der Bank zu verlängern oder sich eine neue Bank zu suchen, also umzuschulden,

Der Tilgungsverlauf eines Annuitätendarlehens

Im Beispiel (Darlehenshöhe: 100 000 Euro) zahlen Kreditnehmende eine konstante Rate oder Annuität von 6 Prozent der Darlehenssumme, die sich zu Beginn aus 4 Prozent Zins (orange) und 2 Prozent Tilgung (grau) zusammensetzt. Das Verhältnis von Zins und Tilgung verschiebt sich jeden Monat ein Stück zugunsten der Tilgung. Nach 331 Monaten oder 27 Jahren und 7 Monaten ist das Darlehen getilgt.

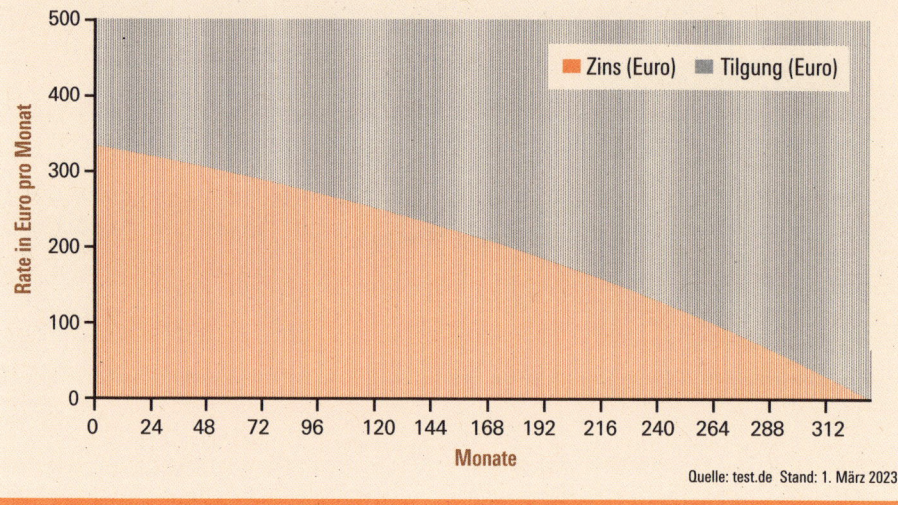

Quelle: test.de Stand: 1. März 2023

oder das Darlehen aus verfügbaren Mitteln, zum Beispiel aus einer Erbschaft, zu tilgen. Die Wahl der richtigen Zinsbindung ist eine knifflige Frage. Lange Zinsbindungen sind bei normaler Zinsstruktur teurer als kurze, weil sich die Banken das Risiko, das mit einer längeren Festschreibung für sie einhergeht, bezahlen lassen, zumal sie sich ab dem zehnten Jahr einseitig binden. Denn dann kann der Kreditnehmer die Zinsbindung einseitig kündigen und neu verhandeln. Kurze Zinsbindungen oder gar variable Zinsen lohnen immer dann, wenn Kreditnehmende erwarten, dass die Zinsen noch weiter sinken. Das dürfte 2023 eher nicht gegeben sein. Es spricht also in einem Umfeld steigender Zinsen vieles für eine längere Bindung, also zehn Jahre oder mehr.

▶ **Tilgung.** Darunter versteht man den Betrag, der Monat für Monat die Schulden verringert. Zusammen mit dem Zins ergibt sie die Kreditrate oder Annuität – daher der Name Annuitätendarlehen. Die Annuität ist für die Dauer der Zinsbindung fix. Das heißt: Kreditnehmende wissen im Voraus genau, welche Belastung sie jeden Monat zu stemmen haben. Allerdings ändert sich das Verhältnis von Zins und Tilgung innerhalb der Annuität bei jeder Rate. Denn jedes Mal wird durch die Tilgung ein Stück der Schuld zurückgezahlt, und die Bemessungsgrundlage für den Zins schrumpft. Deshalb wird in Kreditverträgen die anfängliche Tilgung in Prozent festgelegt. Alles Weitere ergibt sich dann rechnerisch aus dem Zusammenspiel zwischen Zins, Tilgung und Rest-

Schneller tilgen, schneller schuldenfrei

Je niedriger Zins und Tilgung, desto länger dauert es, bis ein Immobiliendarlehen zurückgezahlt ist. Ein hoher Tilgungssatz spart doppelt: Er trägt die Schuld schneller ab und gibt dadurch dem Zins eine geringere Basis. Je höher der Zins, desto deutlicher der Effekt.

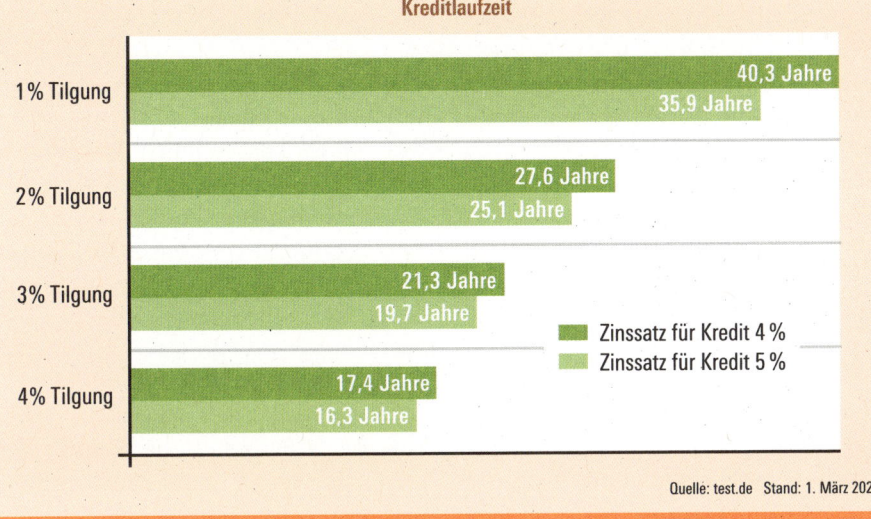

Kreditlaufzeit

1 % Tilgung	40,3 Jahre / 35,9 Jahre
2 % Tilgung	27,6 Jahre / 25,1 Jahre
3 % Tilgung	21,3 Jahre / 19,7 Jahre
4 % Tilgung	17,4 Jahre / 16,3 Jahre

■ Zinssatz für Kredit 4 %
■ Zinssatz für Kredit 5 %

Quelle: test.de Stand: 1. März 2023

schuld. Es ist elementar wichtig, die Tilgung nicht zu niedrig anzusetzen, da man ansonsten nach der Zinsbindung möglicherweise in die sogenannte Tilgungsfalle tappt. Diese schnappt zu, wenn ein niedriger Zinssatz mit einer niedrigen Tilgung kombiniert wurde. Bei der Anschlussfinanzierung bleibt bei höherem Zins noch weniger Geld für die Tilgung, was die Laufzeit des Darlehens verlängert, oder Kreditnehmende müssen eine höhere Rate in Kauf nehmen. Dieser Effekt wird abgemildert, wenn von Anfang an ein höherer Tilgungssatz gewählt wurde.

▶ **Laufzeit.** Wie lange ein Darlehen läuft, bis es getilgt ist, kann nur bei Volltilgerdarlehen im Voraus genau gesagt werden, weil Annuität, Zins und Tilgung hier bis zur vollständigen Rückzahlung feststehen. Bei Abschnittsfinanzierungen wird bei der Verlängerung oder Umschuldung neu gerechnet. Grundsätzlich gilt: Je höher die anfängliche Tilgung bei gleichem Zins, desto kürzer die Laufzeit des Darlehens.

Die tilgungsfreien Darlehensformen werden hier nicht weiter betrachtet, da sie für Eigenheimerinnen und Eigenheimer ein zu großes Risiko darstellen. Sie würden bei dieser Form der Finanzierung nur die Zinsen zahlen, während der Darlehenslaufzeit keinen einzigen Cent Schulden tilgen und die Tilgung stattdessen zum Beispiel in einem Fondssparplan anlegen.

Das Darlehen würde dann am Ende aus dem Guthaben des Sparplans auf einen Schlag getilgt, wenn dieser die entsprechende Summe erreicht hat. Das kann gut gehen oder zur Hängepartie ausarten und ist hochspekulativ. Denn Börsen können ebenso Kapriolen schlagen wie Eigenheimpreise zurückgehen. Dann reichen der Wert des Hauses und das Fondsguthaben vielleicht auf einmal nicht mehr aus, das Darlehen zu besichern, und der Schuldner oder die Schuldnerin muss zusätzliche Sicherheiten stellen, die er oder sie in aller Regel nicht hat.

Die wenigsten Menschen wollen mit ihren eigenen vier Wänden zocken. Und auch Vermietern ist davon eher abzuraten, auch wenn die höhere Zinsbelastung bei der endfälligen Tilgung die Steuerbelastung mindert. Denn der Steuereffekt muss die zusätzliche Zinsbelastung überkompensieren, die dadurch entsteht, dass die Schuld unterwegs nicht getilgt wird. Das entspricht einer Spekulation auf künftige Einkommenssituationen, Steuersätze und Kapitalmärkte.

Auch die Bausparsofortfinanzierung bleibt hier außen vor. Bei dieser Art der Finanzierung wird ein tilgungsfreies Darlehen auf einen Schlag mit einem Bausparvertrag getilgt. Mit ihr lässt sich zwar Zinssicherheit über die gesamte Laufzeit erzeu-

gen, aber sie ist meist teurer als klassische Bankfinanzierungen.

Somit wird das Annuitätendarlehen einer Bank, Sparkasse oder Versicherung der Hauptbestandteil einer Immobilienfinanzierung sein. In letzter Zeit ist das Bauspardarlehen wegen des steigenden Zinsniveaus aber wieder attraktiver geworden.

Bausparen wieder lohnender

Das liegt daran, dass Bausparen ein geschlossenes System ist, das vom Kapitalmarkt unabhängig ist. Die Bausparkundinnen und -kunden ermöglichen den Bauspardarlehensnehmerinnen und -nehmern Kredite, indem sie ihre Verträge besparen und später ihre Darlehen zurückzahlen.

Innerhalb einer Bausparkasse gibt es mehrere Tarife mit unterschiedlichen Zinspaaren, zum Beispiel 0,05 Prozent Bausparzins und 1,85 Prozent Darlehenszins. Wer für 0,05 Prozent anspart, erwirbt also das Recht, ein Darlehen mit 1,85 Prozent Zins ausgezahlt zu bekommen.

Wann das voraussichtlich passiert, können die Bausparkassen anhand der verein-

Mit dem Kredit- und Tilgungsrechner der Stiftung Warentest unter test.de/tilgungsrechner können Sie online einen individuellen Tilgungsplan für Ihr Immobiliendarlehen berechnen. Außerdem finden Sie die aktuellen Zinssätze im Vergleichsrechner unter test.de/hypothekenzinsen.

barten Sparraten und der aktuellen Zuteilungsbedingungen genau berechnen. Eine Garantie geben sie dafür aber nicht, weil die Zuteilungsfristen auch von der Geschäftsentwicklung der Bausparkasse abhängen.

Die Vorteile des Bauspardarlehens sind neben den durch die Zinsentwicklung zunehmend attraktiver werdenden Darlehenskonditionen, dass sie beliebig hohe Sondertilgungen zulassen und im Grundbuch klaglos hinter die erstrangig finanzierende Bank oder Sparkasse auf den zweiten Rang zurücktreten. Denn diese finanzieren mitunter nur 45 Prozent des Marktwerts der Immobilien zu erstrangigen Konditionen und verlangen für alles darüber Aufschläge.

Bausparen ergänzt Bankdarlehen

Gerade bei Finanzierungen ohne dicke Eigenkapitaldecke kann sich das Bauspardarlehen auszahlen. Allerdings müssen Eigenheimfinanzierende die Belastung auch stemmen können, denn Bauspardarlehen werden schnell getilgt, meist innerhalb von 8 bis 15 Jahren. Das bedeutet höhere monatliche Raten. Allein mit einem Bausparvertrag lässt sich daher eine Immobilie normalerweise nicht finanzieren. Als Ergänzung eines Bankdarlehens kann ein Bauspardarlehen dagegen gute Dienste leisten.

Wer eine Bausparkasse mit in die Finanzierung nehmen will oder muss, sollte dies frühzeitig tun, denn Bausparverträge haben durch die Sparphase einen Vorlauf von vielen Jahren. Besteht die Wahl, dann ist es ein

Rechenexempel, das wiederum auf Annahmen über die künftige Zinslandschaft fußt. Heraus kommen dann recht komplexe Überlegungen wie: Wenn der Banksparvertrag, in den ich das Geld anstelle des Bausparvertrags stecke, in den nächsten acht Jahren im Schnitt 1,5 Prozent Rendite bringt, dann ist der Bausparvertrag die bessere Lösung, wenn das Bankdarlehen mehr als 3,5 Prozent Effektivzins kostet.

Vor diesem Hintergrund kann es eine brauchbare Lösung sein, auf Verdacht einen Bausparvertrag mit 20 bis 30 Prozent des geschätzten Kaufpreises für den Eigenheimerwerb abzuschließen. Stellt sich später he-

Nachhaltig handeln

Wer bereits eine Immobilie besitzt und diese energetisch sanieren möchte, kann auch das als Maßnahme gegen die Inflation betrachten. Denn die Sanierung kommt einer werterhaltenden oder werterhöhenden Investition in einen Sachwert gleich. Bei den KfW-Krediten für energieeffizientes Sanieren ist der Zinssatz fast schon Nebensache. Sie sind unschlagbar günstig, weil Kreditnehmer in diesen Programmen hohe Tilgungszuschüsse bekommen.

raus, dass das Bauspardarlehen wider Erwarten teurer ist als ein vergleichbares Bankdarlehen, können Sparerinnen und Sparer immer noch auf das Darlehen verzichten und nur das Bausparguthaben als zusätzliches Eigenkapital verwenden.

Es kann sich auch lohnen, die Kreditanstalt für Wiederaufbau (KfW) in die Finanzierung zu integrieren. Neben dem allgemeinen Programm für Wohneigentumsförderung gibt es von dieser in Staatshand befindlichen Bank auch eine spezielle Förderung für den Bau von Energiesparhäusern, die sehr attraktiv sein kann.

In einer Finanztest-Umfrage im Herbst 2019 bot fast die Hälfte der 65 befragten Banken und Kreditvermittler das Bankdarlehen mit KfW-Darlehen günstiger an als ohne. Vor allem bei Sparkassen und Genossenschaftsbanken wirkte ein KfW-Kredit oft wie ein Katalysator für eine günstigere Baufinanzierung – fragen Sie danach!

Einen Nachteil des KfW-Darlehens müssen Kreditnehmende allerdings in Kauf nehmen: Weil die Staatsbank die Zinsen längstens für zehn Jahre festschreibt, bleibt am Ende der Zinsbindung meist eine erhebliche Restschuld. Für die nötige Anschlussfinanzierung müssen sie vermutlich einen höheren Zinssatz zahlen als heute.

Es gibt aber Möglichkeiten, das Zinserhöhungsrisiko zu begrenzen. So bietet es sich an, den KfW-Kredit wie beim Bausparen mit einem Bankdarlehen zu kombinieren, dessen Zinsbindung erst in 15 oder 20 Jahren endet. Eine Zinserhöhung nach zehn Jahren trifft dann nur einen eher kleinen Teil der Gesamtfinanzierung.

Außerdem können Kreditnehmende mit ihrer Bank für das KfW-Darlehen eine möglichst hohe Tilgung vereinbaren, damit am Ende der Zinsbindung nur eine kleine, im Idealfall gar keine Restschuld mehr bleibt. Damit die Kreditraten dadurch insgesamt nicht zu hoch werden, können sie im Gegenzug die Tilgung für das Bankdarlehen auf ein Minimum begrenzen, bis sie das KfW-Darlehen komplett getilgt haben.

Wer die Eckdaten der Finanzierung in den entsprechenden Vergleichsrechner der Stiftung Warentest unter test.de/kfw-rechner eingibt, gewinnt schnell Gewissheit, ob diese Option für sie oder ihn erfolgversprechend sein könnte. Da KfW-Kredite über die finanzierende Bank oder Sparkasse beantragt werden müssen, sollten Sie die Bankberaterin oder den Bankberater darauf ansprechen, wenn sie oder er es nicht von sich aus vorschlägt. Das bringt oft deutliche Einsparungen.

Ihre Eigenheimfinanzierung

Auf diese 5 Punkte kommt es an:

☐ **Ausreichend Eigenkapital einplanen.** Aus eigenen Mitteln sollten Sie sämtliche Nebenkosten und mindestens 10 Prozent, besser 20 Prozent des Kaufpreises finanzieren können. Setzen Sie Ihr verfügbares Eigenkapital bis auf eine Sicherheitsreserve von zum Beispiel zwei bis drei Monatsgehältern zur Finanzierung der Immobilie ein.

☐ **Lange Zinsbindung vereinbaren.** Vor Zinserhöhungen schützt nur eine lange Zinsbindung. Wenn Sie sich nicht mindestens 3 Prozent anfängliche Tilgung im Jahr für Ihren Kredit leisten können, sollten Sie feste Zinsen für mindestens 15 oder 20 Jahre vereinbaren.

☐ **Nicht bei der Tilgung sparen.** Bei einem Zinssatz von 4 Prozent sind knapp 2 Prozent Anfangstilgung nötig, damit Sie nicht länger als 30 Jahre brauchen, um Ihren Kredit abzuzahlen. Hüten Sie sich davor, 1 Prozent Tilgung mit einer kurzen Zinsbindung von 5 oder 10 Jahren zu kombinieren. Dann ist die Restschuld am Ende hoch. Ist das Zinsniveau gestiegen, wenn der Anschlusskredit ansteht, kann das die Finanzierung schnell gefährden.

☐ **Wahlrechte sichern.** Falls sich Ihr Einkommen oder Vermögen nach einiger Zeit ändern, helfen Tilgungswahlrechte dabei, Ihre Finanzierung anzupassen. Das Recht auf jährliche Sondertilgungen bis zu 5 Prozent der Kreditsumme bieten viele Banken ohne Aufschlag. Besonders flexibel sind Sie, wenn Sie den Tilgungssatz während der Zinsbindung erhöhen oder senken dürfen. Die Mehrzahl der Banken bietet diese Option an.

☐ **Angebote vergleichen.** Holen Sie mehrere Kreditangebote ein. Mit einem Zinsvorteil von wenigen Zehntelprozentpunkten sparen Sie während der Laufzeit schnell einen fünfstelligen Betrag. Günstige Banken und Kreditvermittler finden Sie in unserem monatlich aktualisierten Hypothekenzinsvergleich unter test.de/hypothekenzinsen.

Ratenkredite – es kommt auf den Zweck an

Jeder fünfte Mensch hierzulande hat schon mal einen Konsumentenkredit abgeschlossen. Real wird er durch die Inflation zwar günstiger, aber am günstigsten ist und bleibt der Barkauf.

Zum Glück sind die Deutschen offenbar vernünftig, wenn es um den Zweck geht, zu dem sie Ratenkredite aufnehmen. Neben dem Auto, über dessen Finanzierung Sie ab S. 100 ausführlicher lesen, verwenden sie das Geld überwiegend für langlebige Konsumgüter wie Wohnungseinrichtungen oder Haushaltsgeräte. Daneben investieren sie es in sinnvolle Vorhaben wie Renovierungen und die eigene Weiterbildung oder um andere Kredite abzulösen.

Kritischer sieht es bei den 15 Prozent aus, die medizinische Leistungen damit finanzieren oder gar Reisen (2 Prozent). Hier wird die goldene Regel des Ratenkredits verletzt: Die Laufzeit des Kredits darf die Lebensdauer des damit finanzierten Gutes nicht übersteigen. Da hilft auch keine Inflation, die die Rückzahlung ein wenig günstiger macht.

Wie funktionieren Ratenkredite?

Der Ratenkredit ist ein Darlehen, das die Bank in einer Summe auszahlt und das die Kunden in gleichbleibenden monatlichen Beträgen zurückzahlen müssen. Vor der Auszahlung werden zwischen Bank und Kunden der Zinssatz und die Anzahl der Monatsraten festgelegt – in der Regel 12 bis 96 Monatsraten. Die Raten enthalten die Kredittilgung, die Zinsen und mögliche Entgelte des Kreditinstitutes. Ratenkredite heißen auch Konsumentenkredit, Anschaffungsdarlehen oder Verbraucherdarlehen.

Einige Banken bieten bonitätsunabhängige und andere bonitätsabhängige Konditionen an. Bonitätsunabhängig bedeutet, dass für alle kreditwürdigen Kundinnen und Kunden derselbe Zinssatz gilt. Bei bonitätsabhängigen Angeboten legt die Bank den Zinssatz individuell fest: Je besser die Bonität ist, umso günstiger wird der Kredit.

Restschuldversicherungen sind meist überflüssig

Überflüssig ist in aller Regel die Restschuldversicherung, die viele Banken im Paket mit den Konsumentenkrediten anbieten. Sie soll bei Tod, Arbeitsunfähigkeit und/oder Arbeitslosigkeit der Kreditnehmenden einspringen. Restschuldversicherungen sind häufig nicht nur teuer. Oft ist auch unklar, wann der Versicherungsfall eintritt. Schwie-

Der Autokredit dominiert

Kredite werden in Deutschland vor allen für langlebige Konsumgüter wie Autos und Möbel aufgenommen. Das ist auch gut so, denn hier ist die goldene Regel des Konsumentenkredits eingehalten: Der Kredit muss getilgt sein, bevor das finanzierte Gut abgenutzt ist.

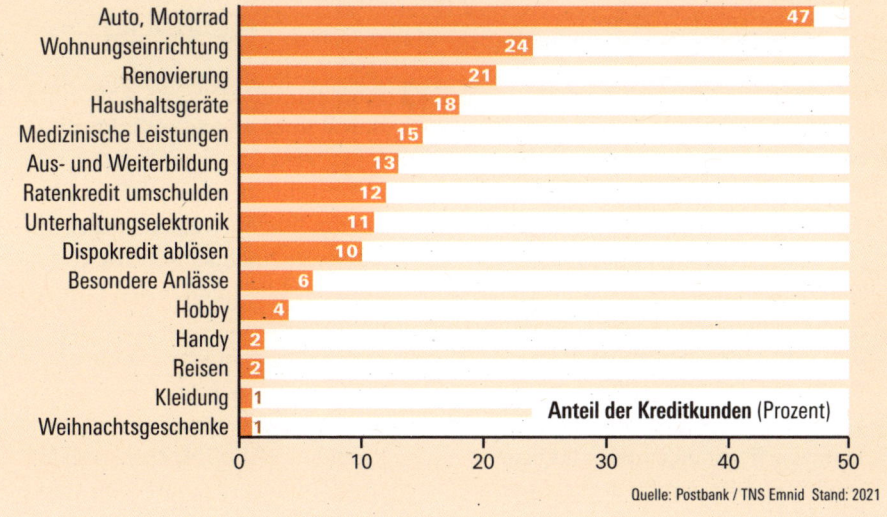

Der Autokredit dominiert (Anteil der Kreditkunden in Prozent):

Auto, Motorrad	47
Wohnungseinrichtung	24
Renovierung	21
Haushaltsgeräte	18
Medizinische Leistungen	15
Aus- und Weiterbildung	13
Ratenkredit umschulden	12
Unterhaltungselektronik	11
Dispokredit ablösen	10
Besondere Anlässe	6
Hobby	4
Handy	2
Reisen	2
Kleidung	1
Weihnachtsgeschenke	1

Anteil der Kreditkunden (Prozent)

Quelle: Postbank / TNS Emnid Stand: 2021

rig wird es schon bei der Arbeitsunfähigkeit: Kundinnen und Kunden verstehen darunter meist längere Krankheit nach Ende der Lohnfortzahlung, die Versicherer meinen damit jedoch Erwerbsunfähigkeit. Versicherte müssen also dauerhaft außerstande sein, zu arbeiten und damit Geld zu verdienen.

Kreditnehmende erwarten außerdem, dass die Versicherung bei Arbeitslosigkeit zahlt. Häufig sind die Zahlungen aber auf zwölf Monate begrenzt und an den Bezug von Arbeitslosengeld I gekoppelt. Bei manchen Gesellschaften erhalten Versicherte zudem keine Leistungen, wenn sie einen Aufhebungsvertrag geschlossen haben. Denn dann sei die Arbeitslosigkeit nicht mehr „unverschuldet", selbst wenn sie damit eine Kündigung abgewendet haben.

Die Stiftung Warentest vergleicht aktuelle Konditionen für Ratenkredite: Die besten Darlehen finden Sie unter test.de/kredit zinsen. Dort können Sie sich auch über die bonitätsabhängigen Angebote eines sogenannten Zwei-Drittel-Zinses informieren: Das ist der Zinssatz, den zwei Drittel der Kunden für einen Kredit in dieser Höhe und Laufzeit bekommen. Er bietet Orientierung bei der Einholung eines Kreditangebots und macht auch bonitätsabhängige Angebote etwas vergleichbarer.

Fünf Tipps für den optimalen Konsumentenkredit

1 **Nur langlebige Konsumgüter auf Pump kaufen.** Finanzieren Sie nur Güter wie Autos oder Möbel über einen Ratenkredit, keinesfalls Urlaubsreisen oder täglichen Bedarf.

2 **Konditionen vergleichen.** Nutzen Sie den Zinsvergleichsrechner von Finanztest unter test.de/kreditzinsen.

3 **Schulden Sie teure Kredite um.** Ersetzen Sie einen dauerhaft ausgeschöpften Dispokredit durch einen Ratenkredit und zahlen Sie diesen ab.

4 **Ersetzen Sie teure Ratenkredite durch günstigere Ratenkredite.** Bei steigenden Zinsen wird es sich meist nicht rechnen, einen laufenden Kredit umzuschulden. Nutzen Sie den speziellen Rechner der Stiftung Warentest unter test.de/kreditzinsen, „Umschuldungs-Rechner".

5 **Keine Restschuldversicherung abschließen.** Restschuldversicherungen werden gern verkauft, verteuern den Kredit aber unnötig. Das Todesfallrisiko sollte durch eine Risikolebensversicherung bereits abgedeckt sein.

Lebenshaltung und Geldanlage – niemals auf Kredit

Zwei Dinge sollten Sie niemals mit einem Kredit finanzieren: kurzfristigen Konsum und Geldanlage. Beides kann böse enden – aus unterschiedlichen Gründen.

Schon im Abschnitt über Konsumentendarlehen ab S. 96 haben Sie die goldene Regel des Kredits kennengelernt: Die Laufzeit des Kredits darf die Nutzungsdauer des damit finanzierten Guts nicht überschreiten. Denn sonst dauert die Belastung durch Raten an, wenn das Gut, zum Beispiel ein Urlaub, schon längst keinen Nutzen mehr entfaltet.

Inflation hin oder her – wer also Lebenshaltungskosten auf Dauer mit einem Kredit finanziert, der rutscht immer tiefer ins finanzielle Desaster ab. Einen Dispositionskredit oder eine geduldete Überziehung auf dem Girokonto sollten Sie deshalb nach einem strikten Plan zurückzahlen.

Aufgrund der hohen Dispozinsen und um sich an die regelmäßige Rückzahlung zu gewöhnen, kann es sinnvoll sein, den Dispo mit einem Ratenkredit abzulösen. Das spart Geld, weil der Ratenkredit normalerweise weniger Zins kostet als der Dispo.

Auch ein oder mehrere alte Ratenkredite können umgeschuldet und zu einem neuen Kredit zusammengefasst werden, wenn der neue Effektivzins günstiger ist als der alte. Dabei ist zur berücksichtigen, dass die Bank eine Entschädigung dafür verlangen kann, dass der alte Kredit vorzeitig getilgt wird. Die Stiftung Warentest bietet dazu unter test.de/ratenkredit einen Umschuldungsrechner an. Bei steigenden Zinsen wird sich das aber nur im Ausnahmefall lohnen, wenn der abzulösende Kredit sehr teuer und das neue Angebot sehr günstig ist.

Ebenfalls nicht zu empfehlen ist die Finanzierung einer Investition aus einem Kredit. Einzige Ausnahme ist die vermietete Immobilie, wobei Finanztest aufgrund der Risiken auch hier davon abrät, die Tilgung auszusetzen. Rechnerisch ist es möglich, mit Fremdkapital die Eigenkapitalrendite mühelos in den zweistelligen Bereich zu hebeln, wenn der Anlagezins den Darlehenszins übersteigt. Denn die Zinseinkünfte aus dem Eigen- und Fremdkapital abzüglich der Sollzinsen für das Fremdkapital beziehen sich bei steigendem Fremdkapitalanteil auf ein immer geringeres Eigenkapital.

Wenn aber der Zähler eines Bruchs steigt, der Nenner hingegen schrumpft, müssen der Wert des Bruchs und damit die Rendite wachsen. Für ein Beispiel mit 3 Prozent Sollzins und 5 Prozent Ertrag, wie sie sich bei einer vermieteten Eigentumswohnung einstellen können, wenn Vermietende günstig einkaufen, gilt: Schon bei 50 Prozent Fremdkapital ergibt sich eine Rendite von 7 Prozent aufs Eigenkapital. Bei 90 Prozent Darlehen sind es sogar 23 Prozent.

Hebel wirkt in beide Richtungen

Dem steht ein Risiko gegenüber, das bei einer vermieteten Immobilie möglicherweise noch beherrschbar erscheint, bei einer Anlage in Aktien oder Edelmetallen aber immer unkontrollierbarer wird. Der Hebeleffekt des Fremdkapitals wirkt nämlich auch in die andere Richtung. Bei 50 Prozent Fremdkapital können Anlegende bis zum Doppelten des eigenen Einsatzes verlieren, wenn das Investment wertlos wird, bei 90 Prozent Darlehen sogar das Zehnfache.

Deshalb sollten gehebelte Investments Kapitalmarktprofis vorbehalten bleiben. Private Anlegende können sich damit ruinieren, wenn sie nicht über die Mittel verfügen, die Lücke zu schließen. Selbst bei vermieteten Immobilien besteht die Gefahr, dass die Bank zusätzliche Sicherheiten verlangt, wenn der Marktwert der Immobilie gesunken ist. Das gilt besonders, wenn Vermietende das Darlehen aus steuerlichen Gründen nicht tilgen.

Autofinanzierung – bewegliche Ziele

Die höchsten Rabatte beim Autokauf bekommen Barzahler. Das Geld kann auch aus einem Ratenkredit einer Bank stammen. Drei-Wege-Finanzierung und Leasing sind meist teurer.

Es geht um viel Geld. Ein neues Auto kostete 2021 im Schnitt rund 38 000 Euro. Jeder zweite Neuwagenkäufer brauchte dafür einen Kredit. Deshalb ist das Auto auch Spitzenreiter in der Statistik der Anlässe, warum die Deutschen ein Konsumentendarlehen aufnehmen. Aber selbst wer so viel Geld auf der hohen Kante hat, will das Ersparte vielleicht gar nicht vollständig für einen Neuwagen ausgeben, zumal die Inflation den Kauf per Kredit ja noch verbilligt.

Bleibt die Frage: Wie bekommt man das Auto möglichst günstig? Wer ein neues Auto fahren will, kann außer der Barzahlung auch einen Ratenkredit wählen. Das heißt nicht, dass Kundinnen und Kunden vor Ort nicht trotzdem als Barzahler auftreten und sich einen Rabatt beim Händler sichern könnten. Sie müssen sich einfach nur einen Kredit von einer herstellerunabhängigen Bank holen, im Zweifel von der Hausbank. Dass das Geld aus einem Kredit kommt, muss der Händler ja gar nicht erfahren.

Eine weitere Möglichkeit ist die Drei-Wege-Finanzierung. Schließlich gibt es für Privatleute auch das Auto-Leasing. Welches der günstigste Weg ist, lässt sich nicht pauschal beantworten.

→ Beispiel

Wer für seinen 38 000 Euro teuren Neuwagen 4 800 Euro anzahlt und den Rest über einen günstigen Online-Kreditanbieter mit einem effektiven Jahreszins von 4 Prozent finanziert, wird nach vier Jahren Kreditlaufzeit dafür – auf den Gegenwartswert gerechnet – 38 614 Euro ausgegeben haben. Angenommen, der Effektivzins der Autobank beträgt 6 Prozent, sind das rund 1 300 Euro weniger als bei Herstellerfinanzierung.

Wer sich noch nicht festlegen kann oder will, ob das Auto sein Eigentum werden soll, und wer eine niedrige Rate braucht, wählt die Drei-Wege-Finanzierung. Das machen sehr viele Autokäuferinnen und -käufer. Bei der Drei-Wege-Finanzierung begleichen sie üblicherweise drei oder vier Jahre lang eine Monatsrate. Danach entscheiden sie sich zwischen drei Wegen: Sie können den Wa-

Vier Wege zu vier Rädern

Nur zwei Fragen müssen Sie beantworten, um die richtige Autofinanzierung zu finden: Haben Sie genug Geld für einen Barkauf, und wollen Sie Eigentümerin oder Eigentümer werden? Danach richtet sich die Entscheidung, ob Sie bar kaufen oder finanzieren und welche Finanzierung Sie wählen.

Habe ich genug Geld für ein Auto? → **Ja** → **Barkauf:** Günstigster Weg, Auto sofort Eigentum

Nein → **Will ich Eigentümer werden?** → **Nein** → **Leasing:** Drei oder vier Jahre Monatsraten, danach Rückgabe. Keine weiteren Kosten, aber auch kein Auto

Ja

Ich bin noch unentschlossen → **3-Wege-Finanzierung:** vier Jahre Monatsraten, danach entscheiden

Ratenkredit:
vier Jahre Monatsraten, Auto danach Eigentum

Rückgabe
Keine weiteren Kosten, aber auch kein Auto

Finanzierung
Hohe Schlussrate weiter finanzieren, Auto nach knapp neun Jahren Eigentum

Kauf
Hohe Schlussrate bezahlen, Auto danach Eigentum

Quelle: Finanztest   Stand: 1. März 2023

gen zurückgeben, die restliche Kreditsumme auf einmal bezahlen, oder sie nehmen einen neuen Kredit auf. Verlockend ist bei der Drei-Wege-Finanzierung eine im Vergleich zum Ratenkredit nur fast halb so hohe Monatsrate. Der Haken: Am Ende der Kreditlaufzeit ist eine sehr hohe Abschlussrate meist in Anlehnung an den zu diesem Zeitpunkt vermuteten Wert des Autos fällig. Sie kann bis zur Hälfte des Kaufpreises betragen.

Wer sein Auto nicht bar bezahlen kann oder will, für den kommt auch Leasing infrage. Schließlich werben die Anbieter mit Monatsraten, die im Vergleich zum Ratenkredit halb so hoch sind. Auch im Vergleich zur Drei-Wege-Finanzierung sind die Leasingraten häufig günstiger. Beim Leasingvertrag erwerben Kundinnen und Kunden nur ein Nutzungsrecht für das Auto über eine bestimmte Zeit. Sie werden nicht Eigentümer. Mit der Leasingrate bezahlen sie die monatliche Nutzung und den Wertverlust während der Vertragslaufzeit.

Privates Leasing ist nur überlegenswert für Menschen, die keinen Wert darauf legen, dass das Auto irgendwann ihnen gehört, und die immer ein aktuelles Modell fahren wollen. Wichtig: Wählen Sie einen Vertrag mit Kilometer- und nicht mit Restwertabrechnung: Gefahrene Kilometer sind unzweifelhaft, Restwerte nicht.

Sowohl beim Leasing als auch bei der Drei-Wege-Finanzierung besteht die Gefahr, dass bei Rückgabe des Fahrzeugs unerwartet Zusatzkosten entstehen, wenn das Auto Schäden aufweist. Manche Autohäuser gehen hier sehr pingelig zu Werke und monieren schon kleine Kratzer, die eigentlich normale Gebrauchsspuren sind. Kulant sind sie nur, wenn ein Anschlussvertrag winkt.

▶ **Unter test.de/rechner-autokauf** vergleichen Sie Barkauf, Kredit, Drei-Wege-Finanzierung sowie Angebote der Autobanken mit Ihrer Bank. Ein PDF mit den aktuellen Kreditkonditionen der Autobanken hilft dabei.

Maßnahme 6:
Bares für Rares

Bei hoher Inflation versprechen knappe, nicht beliebig vermehrbare Sachwerte wie Gold einen Werterhalt. In der Praxis funktioniert das jedoch nicht immer. Währungen und Kryptowerte wie Bitcoin taugen dafür gar nicht.

Sachwerte zeichnen sich dadurch aus, dass ihnen ein Wert innewohnt, der von der Währung, in der sie bezahlt werden, unabhängig ist. Wenn dann noch eine hohe Nachfrage auf ein knappes Angebot stößt, steigt der Preis. Ideal ist es aus Anlagesicht, wenn ein Gut nicht vermehrbar ist. Für Sachwerte ist das oft, aber nicht immer der Fall. Eine Aktiengesellschaft beispielsweise kann ihr Kapital erhöhen und neue Aktien ausgeben. Die Altaktionäre behalten ihre Beteiligungsquote am Gewinn der Aktiengesellschaft nur dann, wenn sie die Kapitalerhöhung mitmachen, also Geld für die neuen Aktien ausgeben.

Grund und Boden, Edelmetalle und auch Bitcoin hingegen sind nach heutigem Wissensstand nicht beliebig vermehrbar. Zwar wäre es denkbar, beispielsweise dem Meer im großen Stil weitere Landfläche abzutrotzen und mit hohem technischen und Energieaufwand Gold zu erzeugen, aber die Kosten dafür würden den möglichen Ertrag deutlich übersteigen. So wird es wohl dabei bleiben, dass alles Gold dieser Erde in einen Würfel mit 23,80 Metern Kantenlänge passt und dass es niemals mehr als 21 Millionen Bitcoins geben kann.

Nachdem die letzten beiden Kapitel den Immobilien und deren Finanzierung gewidmet waren, soll es in diesem Kapitel um Edelmetalle, Währungen und um Bitcoin sowie Ether gehen. Edelmetalle sind knapp und bringen daher gute Voraussetzungen für Preissteigerungen mit, allerdings verursachen sie auch Kosten. Gold unterliegt dabei anderen Einflüssen als Silber, Platin und Palladium. Silber und Platin enttäuschten langfristig, Palladium lief die letzten zehn Jahre überraschend gut.

Währungen eignen sich weniger zum langfristigen Kapitalaufbau, da ihre Kurse schwer vorhersehbar sind und oft politischen Einflüssen unterliegen. Bitcoin und Ether schließlich versprechen Anlegenden eine Achterbahn mit hohen Gewinnchancen und großen Verlustrisiken. Bei ihnen ist völlig unklar, wie sie sich künftig entwickeln. Vielleicht geht es nach den jüngsten Preisstürzen wieder bergauf. Da aber keinerlei Substanz hinter diesem Pseudogeld steht und kein Staat für Bitcoin, Ether und die anderen Krypto-Assets geradesteht, ist ein Kollaps nicht ausgeschlossen.

Gold – ein Mythos mit Kaufkraft

Gold war nicht immer eine gute Entscheidung, wenn es um Rendite ging, aber es gilt nach wie vor als krisensicher.

Die US-Investment-Legende Warren Buffett, einer der reichsten Männer der Welt, hält nicht viel von Gold. Schon 1998 spottete er in einem Vortrag in der Harvard-Universität: „Gold wird in Afrika oder irgendwo sonst in der Welt aus dem Boden ausgegraben. Dann schmelzen wir es ein, graben ein anderes Loch, verstecken das Gold wieder darin und bezahlen Menschen, um darum herumzustehen und es zu bewachen." Gold sei „einfach unnütz", so Buffett weiter. „Wenn Marsmenschen das sähen, würden sie sich am Kopf kratzen."

Und natürlich hat Buffett im Kern recht, denn keine 10 Prozent der weltweiten Förderung werden für industrielle Zwecke verwendet. 46 Prozent gehen in die Schmuckindustrie, 23 Prozent an Anlegende und 24 Prozent an Zentralbanken (Stand: 12/2022). Also landet es entweder am Körper oder im

Checkliste

Darauf sollten Sie beim Goldkauf achten

☐ **Die richtige Anlagesumme für den Goldkauf ermitteln.** Kaufen Sie nur Gold von dem Geld, das Sie mindestens drei Jahre nicht brauchen. Sie sollten nicht mehr als zehn Prozent Ihres Vermögens in dem gelben Metall anlegen. Lösen Sie keine sicheren Geldanlagen auf, um Gold zu kaufen.

☐ **Nur Goldbarren oder Goldmünzen kaufen.** Sie können Goldbarren oder gängige Goldmünzen kaufen. Barren sind für Summen über 1000 Euro geeignet. Sie sollten einen Feingoldgehalt von 999,9 haben. Am besten sind Barren mit Goldprägestempeln von Heraeus, Umicore, Valcambi oder Perth Mint. Diese Firmen haben ein Zertifikat der Londoner Bullion Market Association (LBMA). Barren lassen sich leicht verkaufen. Kleinstbarren bis fünf Gramm eignen sich aber nicht als Geldanlage, denn der Unterschied zwischen dem An- und Verkaufskurs ist zu groß. Außerdem verlangen die Händler dafür heftige Aufschläge auf den Kilopreis.

☐ **Nur gängige Münzen kaufen.** Münzen kommen für kleinere Beträge infrage. Investieren Sie nur in international anerkannte Goldanlagemünzen, für die täglich An- und Verkaufskurse ermittelt werden. Zu den beliebtesten Münzen hierzulande zählen Krügerrand, American Eagle, Maple Leaf, Britannia, Wiener Philharmoniker und Känguru. Sammlermünzen, Medaillen oder Goldschmuck sind als Geldanlage nicht geeignet. Sie lassen sich schwer verkaufen.

☐ **Nur bei Banken und etablierten Händlern kaufen.** Kaufen Sie Gold am besten bei einer Bank oder einem Edelmetallhändler vor Ort am Schalter. Vergleichen Sie zuvor die aktuellen Preise auf den Internetseiten der Anbieter oder auf Gold.de, um ein Gefühl für die Preisspannen zu bekommen. Wer Barren und Münzen im Internet kauft, muss meist in Vorkasse gehen. Dann riskieren Sie bei Insolvenz des Händlers, dass Ihr Geld weg ist, ohne Ihr Gold in den Händen zu halten.

Weltweite Aktien und Gold ergänzen sich gut

Für ein Investment in Gold spricht nicht, dass es grundsätzlich den Aktienmarkt geschlagen hätte. Im Vergleich mit dem MSCI World hatte es mal die Nase vorn, mal nicht. Interessanter ist, dass seine Wertentwicklung vom weltweiten Aktienmarkt recht unabhängig ist und sich seit 2018 eher entgegengesetzt entwickelt: Das Maß dafür, die Korrelation, schwankt wenig um den Nullwert und ist weit von den beiden Maxima 1 (vollständiger Gleichlauf) und minus 1 (vollständig entgegengesetzt) entfernt.

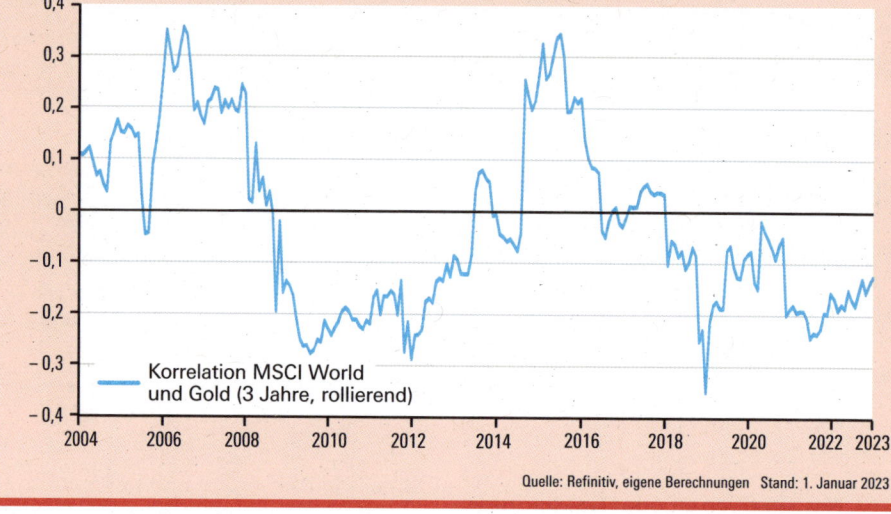

Korrelation MSCI World und Gold (3 Jahre, rollierend)

Quelle: Refinitiv, eigene Berechnungen   Stand: 1. Januar 2023

Keller, wo es wenig wirtschaftlichen Nutzen stiftet. Der Fehler in Buffetts Aussage liegt darin, dass er den Vernunftsmaßstab der fiktiven und angeblich rationalen Marsianer anlegt. Menschen sind eben keine Marsianer, sie handeln mitunter irrational, möglicherweise auch, wenn sie Goldschmuck tragen.

Anlegende sollten deshalb eher fragen, was den Goldpreis beeinflusst, und nicht, ob es sich dabei ausschließlich um rationale Faktoren handelt. Wenn die Menschen Goldschmuck tragen und Goldbarren und -münzen nach dem Erwerb in Erdlöchern verstecken wollen, dann mag das zwar irrational sein, aber es entfaltet Nachfrage mit Kaufkraft, und zwar konstant.

Viele setzen auf Gold, weil sie Angst vor einer großen Inflation oder einer massiven Finanzkrise haben. Anders als Bargeld oder Zinsanlagen behält Gold in einer Krise mit Hyperinflation und Währungsreform aller Erfahrung nach einen Wert. Und sollte das Finanzsystem kollabieren, hilft vielleicht tatsächlich nur noch Gold.

Bei normalen oder teilweise sogar deutlich erhöhten Inflationsraten wie zwischen 1980 und 2000 hat Gold dagegen keine Schutzwirkung entfaltet, sondern eher versagt. Von Anfang der 2000er- bis Anfang der 2010er-Jahre stieg der Goldpreis stark an. Zum damaligen Hoch lag der Preis bei rund 1 380 Euro pro Feinunze. Eine Feinunze ist die übliche Maßeinheit für Gold und wiegt umgerechnet etwa 31,1 Gramm. Danach sank der Preis 2014 aber auch wieder auf rund 880 Euro, um 2020 auf eine neue Rekordmarke zu steigen.

Als Ende Februar 2020 aufgrund der wirtschaftlichen Folgen des Ausbruchs des Coronavirus die Aktienkurse auf Talfahrt gingen, zeigte sich der Goldpreis zunächst relativ stabil. Als sich im März Panik an den Finanzmärkten breitmachte, fiel auch der Goldpreis von seinem kurz zuvor erreichten Rekordhoch (rund 1528 Euro) kräftig zurück, um mehr als 10 Prozent. Bis Anfang August 2020 gab es dann einen erneuten Anstieg bis auf einen neuen Spitzenwert von rund 1737 Euro, dann ein erneutes Absinken und einen Wiederanstieg auf einen neuen Rekord von 1881 Euro im März 2022.

Deutsche Anleger und Anlegerinnen müssen aufpassen, wenn sie Goldpreise vergleichen. Gold wird grundsätzlich in US-Dollar gehandelt, die Goldpreise werden in US-Dollar notiert. Viele Internetseiten zeigen den Goldpreis aber auch in Euro an. Zusätzlich zu den Schwankungen des Goldpreises kommt für Goldkäufer also auch das Währungsrisiko hinzu. Wenn der Euro gegenüber dem Dollar zulegt, verliert das Goldinvestment deutscher Anleger bei gleichbleibendem Goldpreis an Wert. Andersrum kann das Gold aber auch plötzlich an Wert gewinnen, nur dadurch, dass der Dollar gegenüber dem Euro zulegt.

Analysten von Banken oder Goldhändlern geben häufig Prognosen über den Goldpreis ab. Geopolitische Risiken wie drohende schwere Konflikte sind für sie ein Indikator für steigende Goldpreise. Denn Gold gilt als sicherer Hafen in Krisenzeiten. Auch die niedrigen Zinsen nennen Experten immer wieder als Preistreiber für Gold, da der Nachteil, dass Gold keine Zinsen abwirft, damit an Bedeutung verliert.

Aber wie hoch die Zinsen in zehn Jahren sein werden, weiß niemand. Das Gleiche gilt für die Nachfrage nach Goldschmuck, die auch von Modetrends abhängig ist. Prognosen über die Goldpreise sind daher mit großen Unsicherheiten verbunden. Liegt der Goldpreis in fünf Jahren nur noch halb so hoch wie heute oder beim Doppelten? Für beide Annahmen gibt es Argumente.

Goldanleger haben keine Garantie für eine positive Rendite. Anders als bei breit streuenden Aktienfonds ging in der Vergangenheit auch die langfristige Geldanlage in Gold immer wieder schief. Ein Beispiel: Hätte im Jahr 1980 ein damals 40-Jähriger sein Geld für das Alter in Gold angelegt, hätte er ein sehr schlechtes Geschäft gemacht. Bei seinem Rentenbeginn 25 Jahre später hätte er immer noch tief im Minus gesteckt. Wer jedoch Mitte der 1990er-Jahre in Gold eingestiegen wäre, könnte sich heute mit einem ordentlichen Plus zur Ruhe setzen. Die Beispiele zeigen: Der Goldpreis ist für die Altersvorsorge zu unberechenbar.

Es spricht jedoch nichts dagegen, bei einem größeren Depot bis zu 10 Prozent Gold ins Portfolio zu nehmen, wenn ein Sicherheitsbaustein für extreme Situationen gewünscht ist. Außerdem verstetigt Gold den Ertrag eines Aktienportfolios, da beispielsweise der Aktienindex MSCI World

Nachhaltig handeln

Gold ist für Anleger und Anlegerinnen, die Wert auf Umweltschutz und Ethik legen, problematisch. Bei der Goldförderung kommen giftige Chemikalien zum Einsatz, und die Arbeitsbedingungen sind in vielen Minen nach hiesigen Maßstäben unakzeptabel. Die Kritikpunkte reichen von mangelndem Arbeitsschutz über Umweltsünden bis hin zu Kinderarbeit. Fragen Sie deshalb, ob internationale Standards wie die LBMA Responsible Gold Guidance eingehalten wurden. Ein möglicher Kompromiss, wenn Sie aktuelle Missstände meiden wollen: Bei Münzen können Sie ältere Jahrgänge kaufen, bei Barren auf Recyclinggold setzen, beispielsweise solche von der Scheideanstalt Heimerle + Meule. Das Fairtrade-Siegel wird bei Gold für kleingewerbliche Minen vergeben. Das soll vor allem die Bedingungen für Minenarbeiter verbessern. Eine Alternative ist Auropelli Responsible Gold, das die Schweizer Scheideanstalt Valcambi unter dem Label Green Gold anbietet. Es steht für die Einhaltung einschlägiger Umweltstandards und der UN-Vorschriften zu Menschenrechten.

und Gold eine geringe Korrelation aufweisen. Das bedeutet, dass der Goldpreis sich bisher nie im selben Ausmaß in dieselbe Richtung bewegt hat wie der Aktienindex, sondern eher in die entgegengesetzte.

Für diejenigen, denen der dingliche Goldbesitz nicht so wichtig ist, eignen sich an der Börse handelbare Wertpapiere besser als Barren oder Münzen. Sie sind kostengünstig, einfach zu handeln und lassen sich perfekt in ein gemischtes Fondsdepot einbauen. ETC – das Kürzel steht für Exchange Traded Commodities, also börsengehandelte Rohstoffe – funktionieren wie ETF. Anders als bei ETF werden Käufer aber nicht zu Miteigentümern, sondern sind rechtlich gesehen nur Gläubiger des ETC-Herausgebers. Im Pleitefall zählt ihr Gold dann zur Insolvenzmasse und ist im Zweifel weg.

Gold-ETC eignen sich vor allem für Anlegerinnen und Anleger, die einen bestimmten Goldanteil in ihrem Wertpapierdepot haben wollen. Mit ETC lässt sich das gewünschte Mischverhältnis jederzeit einfach und kostengünstig wiederherstellen. Beim Kauf von Barren oder Münzen ist es ungleich mühsamer, den Goldanteil am Gesamtvermögen konstant zu halten.

Die einfachste und kostengünstigste Möglichkeit, regelmäßig in Gold anzulegen, ist ein ETC-Sparplan mit Monatsraten ab in der Regel 25 Euro. Die Kosten sind meist deutlich niedriger als bei herkömmlichen Goldsparplänen, bei denen Anlegende das Gold physisch erwerben.

Die Goldwaage – Argumente pro und kontra Gold

Gold polarisiert seit jeher. Es hat seine Fans und seine Kritiker. Beide Gruppen haben gute Argumente. Ein Portfolio-Anteil bis zu 10 Prozent erscheint vertretbar.

	Das sagen Befürworter	Das sagen Kritiker
Vorkommen	Gold ist ein seltenes Metall. Alle geförderten Vorkommen auf der Erde würden in einen Würfel mit 22,16 Metern Kantenlänge passen. Das entspricht rund 210 000 Tonnen Gold oder knapp 27 Gramm pro Mensch auf dieser Erde.	Gold ist zwar selten, aber die Nachfrage aus der Industrie betrug 2021 weniger als 10 Prozent der Gesamtnachfrage, die Schmuckindustrie nahm mehr als die Hälfte ab. Letztlich hat Gold also vor allem einen ideellen Wert.
Ertrag	Goldanlagen können in ihrer langfristigen Wertentwicklung mit Aktienanlagen durchaus mithalten und tragen dazu bei, dass der Gesamtertrag eines Portfolios stabilisiert und geglättet wird. Gold und Aktienmärkte sind nur schwach korreliert, und wenn, dann eher negativ, sodass sie sich ausgleichen.	Goldanlagen sind nicht immer vorteilhaft. Wenn der Zeitraum ungünstig gewählt ist, können sie ein Renditekiller sein. Der positive Effekt in gut gemischten Portfolios ist unbestritten, solange der Goldanteil nicht deutlich über 10 Prozent des Gesamtportfolios liegt und in Form von ETC gehalten wird.
Werterhalt	Gold ist seit Jahrtausenden stabil im Wert, während sogar die D-Mark während ihrer 50-jährigen Geschichte drei Viertel ihrer Kaufkraft verlor. Die Kaufkraft von Gold hat sich über Generationen nicht verschlechtert. Es ist platzsparend zu verwahren, leicht zu transportieren, es ist teilbar und braucht keine Pflege.	Vergleiche mit der Vergangenheit sind mit Vorsicht zu behandeln, vor allem, wenn es um Epochen mit völlig anderen Rahmenbedingungen geht. Physisches Gold trägt nicht nur keinen Zins, sondern verursacht durch Lagerung und Versicherung auch Kosten, die seine Wertsteigerung mindern.
Tauschmittel	Gold ist ein weltweit anerkanntes Tauschmittel.	Die Funktion als Tauschmittel erfüllt Gold mehr schlecht als recht. Ein Barren mit einem halben Gramm ist schon mehr als 25 Euro wert. 100 solche Barren kosten ein Aufgeld von bis zu 4 Prozent im Vergleich zu einem 50-Gramm-Barren.

	Das sagen Befürworter	Das sagen Kritiker
Steuer	Käufe von Goldmünzen und Goldbarren sind in Deutschland mehrwertsteuerbefreit, Veräußerungsgewinne ab einer Haltedauer von einem Jahr steuerfrei.	Steuertatbestände und -sätze können jederzeit per einfachem Gesetz geändert werden.
Wertaufbewahrung	Gold wird niemals komplett wertlos sein, es hat bisher jede Währungsreform, jeden Krieg und jede Naturkatastrophe überstanden.	Ein vollständiger Wertverlust ist in der Tat sehr unwahrscheinlich. Goldbesitzer mussten in der Geschichte wie Aktienanleger und Immobilienbesitzer auch schon Durststrecken überbrücken.
Geldwertstabilität	Gold schützt vor Inflation.	Gold ist in Zeiten moderater Inflation nicht immer ein guter Schutz gewesen, aber es hat in Phasen hoher Inflation den Schutz gewährleistet.
Ausfallrisiko	Gold kann nicht pleitegehen, Aktiengesellschaften oder Anleihen-Emittenten schon.	Es gehen nie alle Unternehmen gleichzeitig pleite. Gold kann zerstört oder geraubt werden oder verloren gehen. Es muss ge- und versichert werden.
Volatilität	Der Goldpreis schwankt weniger als der Preis anderer Edelmetalle wie Silber oder Platin.	Dennoch ist der Goldpreis recht volatil. Anlegende tragen ein Währungsrisiko, da Gold in US-Dollar notiert.
Staatseinfluss	Staaten haben beim Goldhandel über ihre Zentralbanken selbst die Hand im Spiel, sie setzen also selbst auf Gold und haben ein Interesse daran, dass der Markt funktioniert.	Zentralbanken als Marktakteure sind stets kritisch zu sehen, da sie gegen den Markt an- und verkaufen können. Hinzu kommt die latente Gefahr, dass der Goldbesitz verboten wird.
Euro-Krisen	Wenn der Euro wie viele Währungsunionen vor ihm scheitert, ist Gold eine Versicherung.	Im unwahrscheinlichen Fall des Scheiterns des Euro würde Deutschland vermutlich zur D-Mark zurückkehren oder auf Währungen wie den US-Dollar zurückgreifen. Als Wertaufbewahrungsmittel würde Gold wohl taugen.

Quelle: Eigene Darstellung   Stand: 1. März 2023

Silber, Platin, Palladium – kein Ersatz für Gold

Die drei silbern glänzenden Edelmetalle unterscheiden sich als Anlagevehikel wesentlich von Gold. Sie zählen eher zu Rohstoffinvestments und taugen nicht als Inflationsschutz.

Eine der spannendsten Spekulationsstorys der Wirtschaftsgeschichte schrieb nicht das Gold, sondern sein kleiner Bruder, das Silber. Die Gebrüder Hunt, Ölmagnaten aus Texas, stiegen Anfang der 1970er-Jahre in den Silbermarkt ein und häuften allein bis 1974 Silberbestände von 55 Millionen Unzen im Gegenwert von rund 330 Millionen US-Dollar an. Zum Ende des Jahrzehnts besaßen sie etwa zwei Drittel der US- beziehungsweise 15 Prozent der weltweiten Silbervorräte im Gegenwert von 17,5 Milliarden US-Dollar und kontrollierten damit den Silbermarkt. Der Preisanstieg fand mit dem Einschreiten der US-Notenbank ein jähes Ende. Sie untersagte zu Beginn 1980 den Kauf größerer Mengen Silber und erhöhte die Sicherheitsanforderungen für Terminkontrakte.

Die Folge: Der Silberpreis fiel wie ein Stein und erreichte am Donnerstag, den 27. März 1980 ein Jahrestief von 10,80 US-Dollar. Dieser Tag ging als „Silver Thursday" in die Börsengeschichte ein. Aber die Talfahrt war noch nicht zu Ende. Erst bei fünf US-Dollar fand der Silberpreis seinen Boden.

Silber hat als Edelmetall einiges mit Gold gemeinsam, es gibt aber auch wichtige Unterschiede. Dominiert beim Gold mit mehr als 50 Prozent der Einsatz als Schmuckmetall, so findet Silber im selben Umfang als Industrierohstoff seinen Einsatz. Das bedeutet: Schrumpft die Wirtschaft, nimmt auch der industrielle Bedarf an Silber ab.

Silber ist deutlich billiger als Gold. Der Goldpreis schwankte von 1998 bis 2018 zwischen dem 40- und dem 80-Fachen des Silberpreises. Seit 2018 brach er mehrfach aus diesem Korridor aus, und zwar nach oben. Manche sehen darin ein Anzeichen dafür, dass Silber unterbewertet sei.

Was die Wertentwicklung betrifft, so enttäuschte Silber in den letzten zehn Jahren im Vergleich zu Gold. Während Gold um mehr als 40 Prozent zulegte, landete Silber mit fast 5 Prozent im Minus. Das heißt nicht, dass für Spekulantinnen und Spekulanten mit Silber kein Geld zu verdienen war, es kam eben aufs Timing beim Ein- und Ausstieg an. Während der Covid-Pandemie zum Beispiel war zwischen März und August 2020 eine Verdopplung drin.

Gold und Silber – die ungleichen Geschwister

Gold und Silber sind die beliebtesten Edelmetalle, aber sie unterscheiden sich deutlich: Silber ist ein Industriemetall, beim Gold dominiert die Verwendung als Schmuck.

	Gold	Silber
Einsatz	46 Prozent für Schmuck, 23 Prozent Anlage, 24 Prozent Reserve für Notenbanken, unter 7 Prozent für Industrie	Zirka zur Hälfte für die Industrie, je 20 Prozent Schmuck und Anlage, 10 Prozent Fotografie und Silberware
Reserven	Begrenzte Vorkommen: noch 50 000 Tonnen bekannt und wirtschaftlich abbaubar. Reichweite 25 bis 35 Jahre	Begrenzte Vorkommen: 570 000 Tonnen bekannt und wirtschaftlich abbaubar. Reichweite 20 bis 25 Jahre
Kauf	Keine Mehrwertsteuer beim Kauf von Goldbarren und Goldmünzen, aber hoher Stückpreis oder happige Aufschläge gegenüber dem Kilopreis für Kleinmengen und -stückelungen, etwa für Tafelbarren	Volle Mehrwertsteuer von 19 Prozent, größere Bestände lassen sich mit vergleichsweise geringem Kapitaleinsatz aufbauen. Die kostenpflichtige Verwahrung in einem Zollfreilager in der Schweiz spart die Mehrwertsteuer, solange das Silber nicht entnommen und nach Deutschland eingeführt wird.
Verkauf	Veräußerungsgewinne aus dem Verkauf von Anlagebarren und -münzen nach einer Haltefrist von 12 Monaten steuerfrei	Veräußerungsgewinne aus dem Verkauf von Anlagebarren und -münzen nach einer Haltefrist von 12 Monaten steuerfrei
Volatilität	Gering bis mittel	Sehr hoch

Quelle: Eigene Darstellung   Stand: 1. März 2023

Silber lässt sich wie Gold physisch in Form von Münzen oder Barren erwerben oder als ETC. Im Unterschied zu Gold wird beim Erwerb von Münzen oder Barren 19 Prozent Mehrwertsteuer fällig.

Anlegerinnen und Anleger sollten ihr Silber erst nach einer Haltedauer von mindestens einem Jahr verkaufen. Denn nach Ablauf dieser einjährigen Spekulationsfrist sind Gewinne aus physischen Edelmetallgeschäften steuerfrei. Die Abgeltungssteuer findet bei Edelmetallgeschäften somit keine Anwendung.

Verkaufen sie vorher, fällt dagegen Einkommensteuer an, wobei eine Freigrenze von 600 Euro gilt. Das bedeutet: Bis 600 Euro bleibt der Spekulationsgewinn auch steuerfrei, wenn die Haltedauer weniger als ein Jahr beträgt. Ab 601 Euro unterliegt der gesamte Gewinn der Einkommensteuer.

Der Markt der weißen Edelmetalle birgt noch zwei weitere, sehr unterschiedliche Erfahrungen: eine Enttäuschung bei Platin und eine Überraschung bei Palladium.

Zuerst zu Platin, das wie Silber in erster Linie ein Industriemetall ist: Die Abhängig-

Überraschungssieger Palladium

In den letzten zehn Jahren machten Anlegende nur mit zwei Edelmetallen einen Schnitt: Gold und Palladium, wobei Letzteres zwar das Gold bei Weitem in den Schatten stellte, aber als Industriemetall eigentlich ein Rohstoffinvestment darstellt. Silber und Platin enttäuschten auf ganzer Linie.

Quelle: Refinitiv Stand: 1. Januar 2023

keit von der Automobilwirtschaft macht dem Metall, das vor allem in Katalysatoren zu finden ist, zu schaffen. Der Übergang vom Verbrenner zum Elektroantrieb trägt dazu bei, dass die Nachfrage sinkt, denn Elektroautos haben keinen Katalysator.

Seit der Platinpreis im Zuge der Finanzkrise Mitte 2008 von seinem Höchststand von fast 1500 Euro auf deutlich unter 1000 Euro einbrach, hat er sich nicht dauerhaft wieder erholt. Die Feinunze Gold kostet schon seit 2015 durchgängig wieder mehr als die Feinunze Platin.

Bei Palladium läuft es mit den Preisen genau umgekehrt. Es hat in den vergangenen zehn Jahren deutlich an Wert zugelegt. Palladium ist jetzt teurer als Gold. Auch dieses Metall wird industriell verwendet, zum Beispiel für Katalysatoren, wo es das Platin ein Stück weit verdrängt hat. Dies erklärt einen Teil des Preisanstiegs.

Allerdings funktioniert Palladium nur in Katalysatoren für Benziner, nicht für Dieselfahrzeuge. Und trotz des günstigeren Platinpreises und der gestiegenen Nachfrage nach Benzinern stellen die Produzenten von Katalysatoren nicht ohne Weiteres auf Platin um, weil dies technisch aufwendig ist und die Beschaffungsmärkte für Platin – Russland, Simbabwe und Südafrika – eine gefährliche Abhängigkeit von mehr oder weniger problematischen Lieferländern erzeugen würden. Palladiumvorkommen hingegen gibt es neben den genannten Ländern auch in den USA und Kanada.

Dieses Beispiel zeigt: Eine Investition in industriell genutzte Edelmetalle ist noch komplexer als die Investition in Gold. Im Grunde ist es eher ein Rohstoff- als ein Edelmetallinvestment. Diese wiederum unterliegen mannigfaltigen Einflussfaktoren, sodass sie als Inflationsschutz nicht taugen.

Währungen – unberechenbar und hochspekulativ

US-Dollar und Schweizer Franken haben gegenüber dem Euro in den letzten Jahren zugelegt. Aber: Währungsinvestments sind kurzfristig spekulativ, langfristig oft ein Nullsummenspiel.

Ein Investment in Fremdwährungen würde vor Inflation schützen, wenn es vorhersehbar und dauerhaft positive Erträge bringen würde, die über der Inflationsrate liegen, und ihr Wert von der Geldpolitik der Zentralbanken nicht direkt beeinflusst würde. Beide Voraussetzungen sind bei Licht betrachtet nicht erfüllt.

Langfristig lässt sich mit einem Fremdwährungsinvestment etwa in US-Dollar kein Geld verdienen. Die Stiftung Warentest hat dies ausführlich analysiert, als sie sich mit der Frage beschäftigte, ob Aktieninvestments in den MSCI World langfristig abgesichert werden müssen. Die Antwort lautet „nein". Denn bei Wechselkursänderungen handelt es sich meist um kurzfristige Bewegungen. Anders als Aktien folgen die Währungen der Industrienationen keinem langfristigen Trend. Ob sie steigen oder fallen, kann sich sehr schnell ändern, wie die Entwicklung des herkömmlichen Aktienindex MSCI World im Vergleich mit dem währungsgesicherten MSCI World zeigt. Dollar und Euro-Variante wechseln sich ab, mal steigt die eine, mal die andere.

Die Analyse zeigt, dass sich viele Indizes mit und ohne Währungssicherung langfristig nur geringfügig unterscheiden, wenn Anlagezeiträume von zehn Jahren oder mehr betrachtet werden. Beim Weltaktienmarkt steht im Vergleich der herkömmliche MSCI-World-Index ein wenig besser da als der währungsgesicherte Index. Bemerkenswert auch Norwegen, Schweden, Finnland und Dänemark – zusammengefasst im MSCI Nordic Countries: Gesicherter und ungesicherter Index weisen über längere Frist eine ähnliche Wertentwicklung auf, mal war der eine ein bisschen besser, mal der andere. Eine Währungsabsicherung wäre unnötig gewesen. In der Schweiz hätte sie sogar geschadet. Der Franken ist seinem Ruf als sicherer Hafen gerecht geworden und hat gegenüber dem Euro zugelegt.

Fazit: Anders als Aktien, die einem langfristigen Aufwärtstrend folgen, gibt es bei Hartwährungen keinen eindeutigen Verlauf. Wer sein Geld langfristig in Aktienfonds liegen lässt, braucht daher auch keine Wechselkursabsicherung.

Anders sieht es über kürzere Zeiträume aus. Auf drei, vier Jahre betrachtet kann es für eine Währung durchaus in eine Richtung gehen. Das könnte dafür sprechen, die eigene Aktienanlage abzusichern – allerdings sollte man für so kurze Anlagezeiträume Aktien in der Regel gar nicht erst kaufen. Außerdem ist es schwierig, die richtige Richtung vorherzusehen. Wechselkurse unterliegen vielen Einflüssen und Rahmendaten, darunter der Geldpolitik, dem Zinsniveau, dem Wirtschaftswachstum, der Inflation und den Arbeitsmarktdaten.

Zentralbanken und Wechselkurse

Nur wer sich zutraut, zum Beispiel Fehler in der Geldpolitik einer Zentralbank zu entdecken, kann gegen eine Währung spekulieren. Das gelingt immer dann, wenn Zentralbanken sich gegen den Markt stemmen, um zum Beispiel den Kurs einer Währung durch Stützungskäufe zu stabilisieren. Oder wenn sie, was Kritiker der Europäischen Zentralbank (EZB) immer wieder vorwerfen, den Zins zu zögerlich erhöhen und damit den Dollar-Wechselkurs des Euro drücken.

Denn dann fließt Kapital aus Europa ab, weil die Anlegenden Euro auf den Markt werfen, um zum Beispiel US-Dollar zu kaufen. Dieses Beispiel belegt übrigens auch, dass Währungsinvestments eben nicht von der Geldpolitik der Zentralbanken unabhängig sind, womit auch die zweite notwendige Voraussetzung für den Inflationsschutz nicht erfüllt wäre.

Wer nun doch einen Teil seines Geldes in fremder Währung anlegen möchte, der kann bei seiner Hausbank oder bei Onlinebanken ein Konto einrichten, das in der fremden Währung geführt wird, zum Beispiel in Schweizer Franken. Die Einzahlungen auf diesem Fremdwährungskonto werden zum jeweiligen Wechselkurs gutgeschrieben, so dass Anleger an Wechselkursänderungen eins zu eines partizipieren.

Gewinne aus Währungsverkäufen gelten als private Veräußerungsgeschäfte. Wirft das Fremdwährungskonto keine Zinsen ab, muss der Anlegende die Fremdwährung mindestens ein Jahr halten, um den Gewinn steuerfrei vereinnahmen zu können. Diese Haltefrist verlängert sich bei verzinslichen Konten auf 10 Jahre. Die Einkünfte unterliegen dem persönlichen Steuersatz und nicht der Abgeltungssteuer.

Wetten mit Währungs-ETC

Eine weitere Option nebn solchen Konten sind Währungs-ETC. Sie ähneln ETF und orientieren sich an einem Index, der die Wertentwicklung einer einzelnen Währung oder eines Währungskorbs abbildet. Es gibt die Fonds in zwei Varianten: eine für die, die auf steigende Kurse wetten, und einen inversen für die, die auf fallende Kurse setzen. Wie bei allen ETC handelt es sich bei ihnen um eine Inhaberschuldverschreibung. Das angelegte Geld ist kein Sondervermögen. Bei Insolvenz des Emittenten droht ein Totalverlust der Einlagen.

Kryptowerte – Anlagen ohne Substanz

Die Preisentwicklung von Bitcoin und Ether gleicht seit 2021 einer Achterbahnfahrt. Gegen Inflation helfen sie ebenso wenig wie die digitalen Wertmarken namens NFT.

Die wohl kürzeste Definition, was Geld sei, ist die folgende: „Geld ist, was gilt." Oder ausführlicher: „Geld ist, was als Geld allgemein akzeptiert wird." Nach diesen Maßstäben sind die digitalen Wertmarken namens Bitcoin, Ether & Co. kein Geld, sondern allenfalls ein Gegenstand der Vermögensanlage. Denn niemand muss Bitcoin & Co. annehmen, und keine zentrale Instanz garantiert ihren Wert.

Die deutsche Bundesbank schlägt deshalb vor, nicht von Kryptogeld- oder -währung zu sprechen, sondern von Kryptoassets, also Kryptowerten. Deshalb wird im Folgenden dieser Ausdruck verwendet. Kryptowerte sind privat erzeugte digitale Wertmarken (auf Englisch „Token"), die in Computernetzwerken geschaffen und genutzt werden. Diese sind digital verfügbar und basieren auf Verschlüsselungstechniken (Kryptografie). Der bekannteste und am weitesten verbreitete Kryptowert ist der Bitcoin, dessen Konzept 2008 zum ersten Mal veröffentlicht wurde.

Als Erfinder des Bitcoin gilt Satoshi Nakamoto, wobei diese Person niemals öffentlich in Erscheinung getreten ist, sodass ihre Existenz nicht belegt ist, auch wenn mehrere Menschen erfolglos behaupteten, Nakamoto zu sein. Das technische Fundament, auf dem Bitcoin und andere Kryptowerte basieren, wird als Blockchain bezeichnet.

Bei dieser handelt es sich um ein Verzeichnis aller durchgeführten Transaktionen. In der analogen Welt könnte man es wohl am ehesten mit dem Grundbuch vergleichen, in dem alle Grundstückstransaktionen verzeichnet sind. Dieses Verzeichnis wird in der Welt der Blockchain aber nicht durch eine zentrale Instanz wie das zuständige Amtsgericht beim Grundbuch, sondern durch Teilnehmer des Netzwerks verwaltet und eingesehen. Die kontrollieren sich gegenseitig. Deshalb gilt es als fälschungs- und manipulationssicher.

Sowohl das Grundbuch als auch die Blockchain werden immer nur erweitert und niemals gelöscht. Wenn der Rechtspfleger oder die Rechtspflegerin im Grundbuchamt des Amtsgerichts ein Grundstücksgeschäft ins Grundbuch einträgt, so streicht er oder sie den alten Eintrag durch

Eine Achterbahnfahrt der Preise

Wer in Bitcoin oder Ether investiert war oder ist, brauchte starke Nerven. Eine vergleichbare Achterbahnfahrt gab es weder am Aktien- noch am Renten- oder am Goldmarkt. Abhängig von Einstiegs- und Ausstiegszeitpunkt waren traumhafte Gewinne drin, aber auch albtraumartige Verluste.

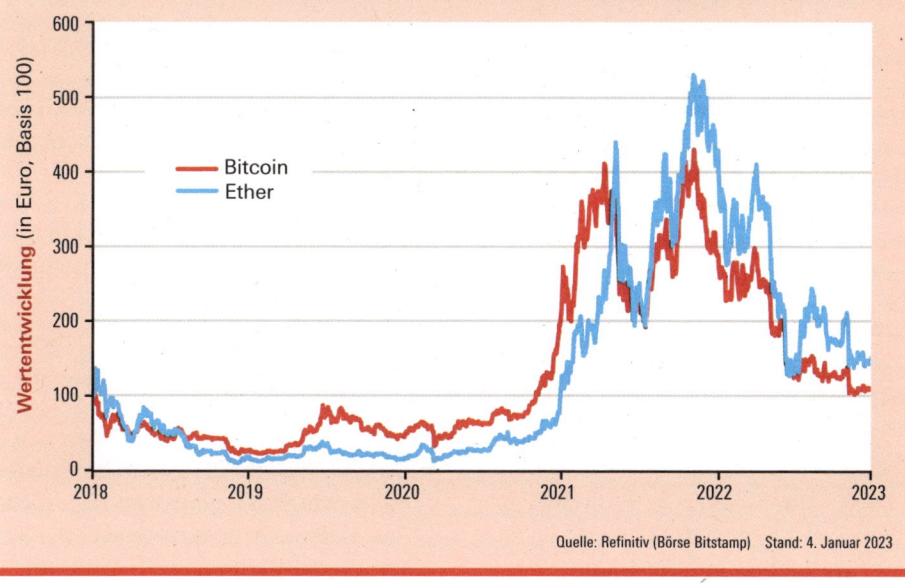

Quelle: Refinitiv (Börse Bitstamp)   Stand: 4. Januar 2023

und ergänzt den neuen, gültigen. Wenn Person A die Person B mit Bitcoin bezahlt, dann wird das in der entsprechenden Blockchain ebenfalls als neuer Eintrag vermerkt.

Zahlungen mit Kryptowerten müssen bestätigt werden. Es muss zum Beispiel geklärt werden, ob derjenige, der die Zahlung tätigt, überhaupt genügend Kryptowerte dafür besitzt. Außerdem müssen die neuen Datenblöcke mit den aktuellen Zahlungen mit den vorherigen Datenblöcken der Blockchain verknüpft werden. Dazu müssen bestimmte Rechenaufgaben gelöst werden. Wer das macht und Zahlungen bestätigt, bekommt Kryptowerte als Belohnung. Das nennt man Mining (Schürfen). Die Miner brauchen nicht nur technisches Know-how, sondern vor allem auch eine entsprechende Hardware-Ausstattung.

Mittlerweile sind die Anforderungen an die Rechenleistung so hoch, dass es so gut wie unmöglich ist, am heimischen PC mitzumischen. Das Mining liegt daher, anders als in den Anfangszeiten, weitgehend in den Händen von Mining-Pools oder eigens dafür gegründeten Firmen. Das Bitcoin-System verbraucht inzwischen pro Jahr so viel Strom wie die Niederlande.

Seit September 2022 ist deshalb der zweitgrößte Kryptowert, der Ether, der auf der Ethereum-Blockchain erzeugt wird, zu einem anderen Konzept übergegangen. Um Transaktionen zu validieren, wurde bei Ethereum – wie beim Bitcoin – bis dahin das Verfahren „Proof of Work" eingesetzt. Dabei müssen wie erwähnt komplizierte kryptografische Rätsel gelöst werden, was viel Rechenleistung und Strom braucht. Ethereum ist nun auf das Verfahren „Proof of Stake" (PoS) umgestiegen, das nur einen Bruchteil der bisher benötigten Energie verbraucht. Bei PoS zahlen Kryptokäufer eine bestimmte Anzahl digitaler Münzen ein, um an einer Art Lotterie teilzunehmen. Jedes Mal, wenn eine Transaktion validiert werden muss, wird ein Teilnehmer („Staker") aus dem Lostopf ausgewählt, um den Vorgang zu bestätigen und neue Münzen als Belohnung zu erhalten. Betrug wird mit dem Einfrieren des Guthabens bestraft.

Wegen ihrer starken Kursschwankungen eignen sich Kryptowerte kaum als zuverlässiges Wertaufbewahrungsmittel. Wer Anfang 2018 in Bitcoin oder Ether investierte, begab sich auf eine Achterbahnfahrt und konnte zum Jahresbeginn 2023 mit Bitcoin nurmehr ein geringes Plus von 16 Prozent verbuchen – nicht eben viel für die lange Zeit und die Nerven, die Anlegende dafür aufbringen mussten. Besser lief es beim Ether mit 82 Prozent Plus. Ein Einstieg auf dem Höhepunkt im November 2021 hat Stand Januar 2023 bei beiden Kryptowerten rund 75 Prozent des Einsatzes vernichtet. Inflationsschutz sieht anders aus.

Kritiker wie der Microsoft-Gründer und Milliardär Bill Gates sind daher der Ansicht, dass Kryptowerte ein „Greater-Fool-Game" sind. Dieser Ausdruck beschreibt den Umstand, dass es in einer Blase immer noch einen größeren Trottel gibt, der bereit ist, mehr Geld für etwas zu bezahlen, das nichts oder sehr viel weniger wert ist.

Ob die Blase bereits geplatzt ist oder ob es sich um einen Rücksetzer vor einem neuen, noch viel größeren Preisanstieg handelt, kann niemand sagen. Die Befürworter der Kryptowerte führen genau diese Hoffnung ins Feld und verweisen auf vergleichbare Entwicklungen in der Kurshistorie.

Wer sich entschließt, trotz allem oder genau deswegen in Kryptowerte zu investieren, dem stehen grundsätzlich folgende seriöse Wege offen:

▶ **Bitcoin-Wallet.** Die klassische Variante ist, sich ein Bitcoin-Wallet zuzulegen, eine elektronische Geldbörse, in der die Bitcoins gespeichert werden. Hierfür gibt es verschiedene Anbieter. Die Wallet hat eine öffentliche Kontonummer und einen privaten Schlüssel, mit dem man sie verschließen kann. Anleger sollten ihren Computer gut absichern, um nicht Opfer von Diebstahl zu werden.

▶ **Bitcoin-Konto.** Eine andere Möglichkeit ist, bei einer der zahlreichen Bitcoin-Handelsplattformen ein Konto einzurichten. In diesem Fall werden die Bitcoin nicht auf dem eigenen Computer oder dem Handy gespeichert, sondern auf der Plattform. Als seriös gelten etwa Handelsplätze wie Bison, BSDEX, Coinbase, Finanzen.net Zero, Justtrade, Capital und Trade Republic.

▶ **Zertifikate.** Eines der Papiere, mit dem Anleger auf Bitcoin-Zuwächse spekulieren können, ist das Bitcoin-Zertifikat des schwedischen Emittenten XBT-Provider

(Isin SE 000 752 533 2). Es kostet 2,5 Prozent pro Jahr. Hinzu kommt ein Spread – das ist der Unterschied zwischen An- und Verkaufskurs. Vorteil: Es sind Wertpapiere, die jeder, der ein Depot hat, auf dem üblichen Weg kaufen kann – an der Börse. Der Nachteil: Zertifikate sind Schuldverschreibungen und als solche bei einer Pleite des Herausgebers nicht geschützt. Auch die Art, wie die Zertifikate-Anbieter die Wertentwicklung der Kryptowerte abbilden, kann sich unterscheiden. Den einen, offiziellen Bitcoin-Kurs gibt es nicht.

▸ **Exchange Traded Commoditys (ETC).** Die britische Firma HANetf zum Beispiel bietet mit dem HANetf BTC etc Bitcoin exchange traded crypto (Isin: DE 000 A27 Z30 4) ebenfalls ein Teilhabepapier auf den Bitcoin an: Anleger partizipieren an der Entwicklung des Kryptowerts. Rechtlich handelt es sich dabei allerdings nicht um einen Fonds mit einem Sondervermögen. Ein ETC ist kein ETF, sondern eine Schuldverschreibung mit ähnlicher Funktionsweise und Risiken wie Anlagezertifikate. Nach Angaben des Anbieters ist das Papier zwecks Absicherung zu 100 Prozent mit Bitcoin hinterlegt. Die jährliche Gesamtkostenquote liegt bei 2 Prozent.

▸ **Angebote von Brokern und Börsen.** Unlängst hat das bekannte Fintech Scalable Capital einen eigenen Bereich für den Kryptohandel geschaffen. Anlegerinnen und Anleger können dort sogenannte Exchange Traded Products (ETP) kaufen. Das Kürzel ähnelt zwar dem der ETF (Exchange Traded Funds), allerdings handelt es sich – wie bei ETC – um Schuldverschreibungen. Die ETP seien mit den jeweiligen Kryptowerten hinterlegt, sagt Scalable. Sparpläne mit ETP sind ebenfalls möglich.

▸ **Neobroker.** Bei Banken und Brokern wie Trade Republic oder Justtrade können Anleger Kryptowerte kaufen. Für die Verwahrung arbeiten Trade Republic und Justtrade mit Drittanbietern zusammen. Die Kryptowerte werden dort treuhänderisch verwahrt, gegen Diebstahl gibt es Versicherungen. Bei finanzen.net Zero können Anleger ebenfalls ETP kaufen. Auch die Stuttgarter Börse bietet Handel mit Kryptowerten an. Mit der App Bison lassen sich dort neben Bitcoin und Ether weitere Kryptowerte handeln. Bison legt für den Nutzer eine Wallet an. Gekaufte Kryptowerte lassen sich aber auch auf eine eigene Wallet übertragen. Als Kosten setzt die App einen „Spread", also den Unterschied von An- und Verkaufskurs, von 1,25 Prozent des Kaufbetrags an.

Neben Bitcoin, Ether & Co. gibt es noch eine zwei weitere Varianten von Kryptowerten: nachrangige Schuldverschreibungen (siehe dazu auch „Crowdfunding", ab S. 84) und nonfungible Tokens, also wörtlich „nichtübertragbare Wertmarken", kurz NFT. Die Gemeinsamkeit mit dem Ether besteht darin, dass auch sie auf der Ethereum-Blockchain gespeichert sind. Der Unterschied besteht in der Funktion. Es handelt sich nicht um einen Geldersatz, sondern um einen Vertrag oder ein Bündel an Rechten, das auf der Blockchain gespeichert wird.

Bei den nachrangigen Schuldverschreibungen stammen die meisten Angebote bislang von Tochtergesellschaften der Crowdfunding-Plattformbetreiberin Exporo. Die Schuldverschreibungen sind besichert, allerdings nachrangig nach den kreditgebenden Banken. Die Blockchain wäre hierfür nicht zwingend nötig gewesen, da es Vergleichbares bei anderen Crowdlending-Anbietern auf traditionelle Art gibt, aber sie ist zweifelsohne innovativ und spart Kosten. Das ändert nichts an dem Risiko, das einer nachrangigen Schuldverschreibung anhaftet. Immerhin steckt hier materielle Substanz hinter dem Token, was man von Bitcoin und Ether nicht behaupten kann.

Wieder anders liegt der Fall bei den nonfungible Tokens. Ihr Name führt in die Irre, weil sie nämlich entgegen ihrem Namensbestandteil „nonfungible", auf Deutsch „nichtübertragbar", je nach Ausgestaltung sehr wohl gehandelt werden können. Sehr häufig stehen sie als Eigentumsnachweis für ein Kunstwerk, wobei die Bandbreite hier groß ist. Es kann sich aber auch um virtuelle Kleidungsstücke oder Ausrüstungsgegenstände handeln. Voraussetzung, um am Handel mit NFT teilzunehmen, sind eine digitale Brieftasche, zum Beispiel bei Metamask oder Coinbase, und die Registrierung auf einer Plattform wie Opensea.io, bei der die digitale Brieftasche dann hinterlegt wird. Drei Beispiele für NFT:

▶ **Bildende Kunst.** Der Brite Damien Hirst ist einer der populärsten zeitgenössischen Künstler. Eines seiner bekanntesten Werke ist ein in Formaldehyd konservierter Hai, der in einem Glaskasten ausgestellt ist. Es entstand 1991 und trägt den Titel „Die physische Unmöglichkeit des Todes in der Vorstellung eines Lebenden". Hirst hat nun 2016 bis 2021 unter dem Namen „Currency" (deutsch: „Währung") eine Serie von 10 000 Din-A4-großen Gemälden geschaffen, die farbige Punkte zeigen und von ihm mit einem Hologramm, seiner Unterschrift und einem Titel versehen wurden. Diese Kunstwerke wurden 2021 über seinen Dienstleister Heni.com in Form von NFT, die auf der Ethereum-Blockchain gespeichert sind, in einem Lotterieverfahren verkauft. Der Erlös betrug fast 18 Millionen Euro. Die Käuferinnen und Käufer mussten nun bis Ende Juli 2022 entscheiden, ob sie das dem NFT zugrunde liegende Kunstwerk auf Papier geliefert bekommen wollen oder ob sie das NFT behalten. Entschieden sie sich für das Kunstwerk auf Papier, so wurde das NFT entwertet. Blieben sie beim NFT, so wurde das Papierkunstwerk verbrannt. 39 Prozent der Käuferinnen und Käufer entschied sich für das NFT. Die entsprechenden Papierkunstwerke wurden 2022 tatsächlich vernichtet. Das NFT enthält einen Link zu einem Bild des Kunstwerks, und Heni wird durch eine Regel, die in der Ethereum-Blockchain hinterlegt ist, an jedem Weiterverkauf des NFT mit 5 Prozent des Erlöses beteiligt. Auf dem Sekundärmarkt übersteigen die Preise für die Papierversion die des NFT Anfang 2023 jedoch um ein Vielfaches.

▶ **Massenkunst.** Der „Bored Ape Yacht Club" (BAYC), zu Deutsch „Yacht-Club der gelangweilten Affen", ist eine Sammlung von ebenfalls 10 000 Grafiken, die im April 2021 durch einen Algorithmus erzeugt wurden und deren gestalterische Qualität daher umstritten ist. Im Gegensatz zu Damien Hirsts „Currency" gibt es hier keine physische Version der Kunstwerke, da diese lediglich als Datei existieren und somit keinerlei Kopierschutz aufweisen. Lediglich ein Eintrag in der Ethereum-Blockchain weist den Besitzer als solchen aus. Dabei bleibt jedoch unklar, welche Eigentumsrechte im urheberrechtlichen Sinn in welchem Rechtssystem damit verbunden sind. Das hält Fans des BAYC nicht davon ab, teilweise sechs- bis siebenstellige Beträge für einen gelangweilt dreinschauenden Affen zu bezahlen, der zu Beginn 190 US-Dollar gekostet hat. Ein Grund dafür mag sein, dass Prominente wie der Sänger Justin Bieber zu den Inhabern zählen und dafür Millionen US-Dollar bezahlt haben. Außerdem werden die BAYC-Mitglieder regelmäßig mit digitalem Manna, „Airdrops" (wörtlich: „vom Himmel Gefallenes") bedacht. Sie bekamen zum Beispiel einen Kryptowert, die Ape Coin, geschenkt, das wiederum auf Marktplätzen im Internet gehandelt wird.

▶ **Merchandising.** Der Sportartikelkonzern Adidas legte im Dezember 2021 erstmals eine NFT-Kollektion für das Metaverse von Facebook auf. Sie umfasst 30.000 NFT und heißt „Into the Metaverse". Wer an der virtuellen Welt Metaverse teilnimmt, konnte damit Figuren mit Kleidungsstücken und Accessoires ausstatten. Die Kollektion war im Nu ausverkauft. Immerhin definierte Adidas, was die Käufer mit dem NFT dürfen und was nicht: Die Erwerber erhielten ein nichtexklusives und widerrufliches Recht, das Kunstwerk zum Beispiel auf ihrer nichtkommerziellen Internetseite darzustellen. Dabei gilt deutsches Urheberrecht.

Fazit: NFT sind noch komplexer als Bitcoin und Ether. Von Ausnahmen wie Damien Hirsts „Currency" abgesehen werden für sie selten reale Werte hinterlegt. Daher sind NFT weit davon entfernt, verlässlich vor Inflation zu schützen.

Maßnahme 7: Extras zum Gehalt

Mehr Lohn ist nur eine Möglichkeit, inflations-
bedingte Einkommensverluste zu bekämpfen.
Einfacher ist es oft, mit der Chefin oder dem Chef
über steuerbegünstigte Extras zu verhandeln.

Hierzulande haben Arbeitnehmerinnen, Arbeitnehmer und auch viele
Selbstständige immer weniger Netto im
Geldbeutel. Um 7,9 Prozent haben die Verbraucherpreise in Deutschland im Jahr 2022
laut Statistischem Bundesamt zugelegt (siehe auch S. 9 bis 13).

Da liegt es nahe, nicht nur Haushaltsaus-
gaben, Geldanlagen und Kredite zu optimieren, sondern als Arbeitnehmerin oder Arbeitnehmer auch die Einnahmenseite zu
verbessern. Vor allem Fachkräfte haben im
Gehaltspoker hervorragende Karten.

Doch wer eine Gehaltserhöhung bekommt, weil er oder sie mehr Lohn heraus-
handelt oder von Tarifabschlüssen profitiert, muss damit rechnen, dass der Zuwachs beim Nettolohn magerer ausfällt als
gedacht. Denn mit steigendem Einkommen
klettern zwangsläufig auch der Steuersatz
und die Sozialabgaben.

Zwar hat der Bundestag im November
2022 beschlossen, zumindest die inflations-
bedingte „kalte Progression" künftig im
Steuertarif zu berücksichtigen. Aber der
Steuertarif behält ansteigende Steuersätze.

→ **Beispiel**

Eine verheiratete Arbeitnehmerin in Steuerklasse IV verdient brutto 3 000 Euro und zahlt 2023 knapp 959 Euro Lohnsteuer und Sozialversicherungsbeiträge. Erhöht sich ihr monatliches Bruttogehalt um 300 Euro, also immerhin um 10 Prozent, kommen davon netto nur 167 Euro bei ihr an – das ist fast die Hälfte der Lohnerhöhung. Grund ist der steigende Einkommensteuersatz für höhere Einkommen. Dieser Effekt wird auch „kalte Progression" genannt. Durch das Inflationsausgleichsgesetz und die damit verschobenen Tarifeckwerte ab dem Jahr 2023 wurde hier bereits eine Entlastung geschaffen, da der Spitzensteuersatz erst bei höheren Einkommen greift.

Es gibt aber einige legale Möglichkeiten, wie Beschäftigte ihren Nettolohn deutlich aufpolieren können. Arbeitgeberinnen und Arbeitgeber können Extras zum Gehalt steuer- und teilweise auch sozialversicherungsfrei gewähren – auch ein Ausweg aus festgefahrenen Gehaltsverhandlungen.

Ein Beispiel dafür ist erstens das Jobticket für den Öffentlichen Nahverkehr, auch wenn mit dem 49-Euro-Ticket hier eine Konkurrenz heranwächst (siehe S. 125). Zweitens können Arbeitnehmerinnen und Arbeitnehmer bestimmte Kosten aus dem Brutto- statt aus dem Nettoeinkommen entrichten und so Steuern und Sozialversicherungsabgaben sparen.

Ein Beispiel hierfür wäre die betriebliche Altersvorsorge. Meist sinkt dadurch zwar die Nettoauszahlung auf dem Gehaltszettel, aber entsprechend weniger müssen Haushalte aus der Privatkasse zahlen. Die Rendite einer betrieblichen Altersvorsorge ist bezogen auf den Nettobeitrag unschlagbar.

Einziger Haken: Wer Gehaltsbestandteile sozialversicherungsfrei kassiert, zahlt weniger in die gesetzliche Rentenversicherung ein als bei einer herkömmlichen Bruttolohnerhöhung und erwirbt somit auch weniger zusätzliche Rentenansprüche.

Ein weiteres Beispiel für eine faktische Nettoeinsparung ist der Dienstwagen. Hier muss der geldwerte Vorteil zwar zum Steuer- und Sozialversicherungsbrutto hinzugerechnet werden. Aber dem steht eine größere Nettoeinsparung im Haushaltsbudget gegenüber, weil die Kosten des Autobesitzes wegfallen. Mehr dazu lesen Sie ab S. 130.

Gut zu wissen: Steuerfreie Extras lassen sich oft miteinander kombinieren, sofern der Arbeitgeber mitspielt. Welche steuerfreien Zuwendungen Sie vom Arbeitgeber bekommen können und auf welche Sie sogar einen Rechtsanspruch besitzen, haben wir im Folgenden zusammengefasst.

Sicher können nicht alle Beschäftigten jede Möglichkeit nutzen. Aber die Optionen sind so vielfältig, dass Haushalte die schmerzhaften Effekte der Inflation auf das Budget damit deutlich lindern können.

Mehr Netto von der Firma

Statt einer Gehaltserhöhung können Mitarbeitende von ihrer Firma auch gezielt geldwerte Extras fordern – die Vorgesetzten lassen sich oft darauf ein, weil auch sie dadurch sparen.

Wenn Chefin und Chef den Beschäftigten steuer- und sozialabgabenbegünstigt mit Extras zum Gehalt etwas Gutes tun wollen, gilt laut Gesetz: Die Leistung muss „zusätzlich zum ohnehin geschuldeten Arbeitslohn" erbracht werden.

Das heißt konkret: Die Leistung wird nicht auf den Lohnanspruch angerechnet, der Anspruch auf Lohn nicht zugunsten der Leistung herabgesetzt, die Leistung darf nicht anstelle einer bereits vereinbarten Lohnerhöhung gewährt werden, und bei Wegfall der Leistung erhöht sich der Lohn auch nicht. Die Extras können im Arbeitsvertrag, in einer Betriebsvereinbarung oder in einem Tarifvertrag festgelegt sein.

Beispiele für solche Leistungen sind das Jobticket, die Überlassung eines Dienstfahrrads, der Kita- und Kindergartenzuschuss für nicht schulpflichtige Kinder, Gesundheitskurse und Maßnahmen für die betriebliche Gesundheitsförderung, der pauschal besteuerte Zuschuss zu Kosten für Fahrten zwischen der Wohnung und der ersten Tätigkeitsstätte und der pauschal besteuerte Zuschuss für die Internetnutzung.

Diese und weitere lukrative Extras sollen hier vorgestellt werden:

❶ Jobticket für den Öffentlichen Personennahverkehr

Sie verdienen derzeit 4000 Euro, hätten von Ihrer Chefin aber gerne 200 Euro mehr? Und sie sperrt sich? Dann ist das Jobticket ein eleganter Ausweg. Angenommen, Sie fahren mit Bahn oder Öffentlichem Personennahverkehr (ÖPNV) zur Arbeit. Ihr Ticket für Bahn und Bus kostet Sie derzeit 150 Euro pro Monat oder 1800 Euro jährlich, die Sie bisher aus Ihrem Netto bestreiten müssen. Übernimmt die Chefin die Ticketkosten, ist das für den Arbeitnehmer und die Arbeitnehmerin komplett steuer- und sozialversicherungsfrei. Er oder sie hat monatlich 150 Euro mehr Netto in der Tasche – und damit 43 Euro mehr als bei einer Erhöhung des Bruttolohns um 200 Euro.

Die Chefin muss auch nur 150 Euro aufwenden, die sie als Betriebsausgabe absetzen darf. So profitieren beide Seiten. Allerdings mindert der steuerfreie Zuschuss die abzugsfähige Entfernungspauschale. Alternativ kann der Zuschuss zu öffentlichen Verkehrsmitteln mit 25 Prozent versteuert werden. Bei dieser Variante würden die Zuschüsse die Entfernungspauschale im Rahmen der Steuererklärung nicht mindern.

Grundsätzlich gelten diese Regeln auch für das 49-Euro-Ticket, mit dem Inhaberinnen und Inhaber den Öffentlichen Nahverkehr nutzen können. Allerdings eignet sich dieses Ticket nicht als alleiniger Punkt für Gehaltsverhandlungen, da der Vorteil schlicht zu gering ausfällt. Als Bestandteil eines größeren Pakets kann es aber sehr wohl sinnvoll sein. Die Vorteilsrechnung gilt daher eher für Menschen, die nicht ausschließlich den Öffentlichen Nahverkehr nutzen, sondern beispielsweise den Fernverkehr der Deutschen Bahn.

❷ Bahncard kostenfrei

Wer viel auf Dienstreisen ist und auch privat gerne die Bahn nutzt, sollte mit seiner Firma darüber reden, ob sie eine Bahncard sponsert. Eine Bahncard 25 oder 50 vermindert den Fahrpreis um 25 beziehungsweise 50 Prozent, Entgelte für Platzreservierungen ausgenommen. Mit einer Bahncard 100 fahren Inhaberinnen und Inhaber von Reservierungsentgelten abgesehen gratis im gesamten Netz der Deutschen Bahn. Die Bahncard-Vergünstigungen gelten natürlich nicht bei Anbietern wie Flixtrain, die ebenfalls die Trassen der Bahn nutzen. Sind die Preisnachlässe höher als der Kaufpreis der Bahncard, dann bleibt die Überlassung steuerfrei. Die Personalabteilungen verfügen oft über Berechnungsschemata dafür. Für die 2. Klasse gilt: Eine BahnCard 25 lohnt sich ab regulären Ticketkosten von 228 Euro im Jahr, eine Bahncard 50 ab 468 Euro.

❸ Fahrtkostenzuschuss für Ihren privaten Pkw

Firma und Beschäftigte profitieren auch, wenn die Firma Fahrtkosten für einen Pkw bezuschusst. Beträgt die Entfernung zur Arbeit 40 Kilometer, kostet das Pendeln den Arbeitnehmer 2 992 Euro im Jahr oder knapp 250 Euro pro Monat. Diese Summen ergeben sich, wenn man für die ersten 20 Entfernungskilometer 30 Cent ansetzt und für jeden weiteren Kilometer 38 Cent, und das bei 220 Arbeitstagen.

Übernimmt die Firma die Fahrtkosten komplett, führt sie darauf pro Monat nur eine pauschale Lohnsteuer von 15 Prozent ab – ihr monatlicher Aufwand beträgt also 287 Euro. Dafür haben Arbeitnehmer jeden Monat 250 Euro netto mehr in der Tasche. Sie müssen allerdings berücksichtigen, dass die pauschal besteuerten Fahrtkostenzuschüsse später in der Einkommensteuererklärung die abziehbaren Fahrtkosten mindern. Auch hier bleibt aber ein dickes Plus.

❹ E-Bike zur dienstlichen und privaten Nutzung

2 500 Euro für ein E-Bike aus eigener Tasche zahlen? Da gibt es eine interessante Alternative: Handeln Sie doch statt einer Gehaltserhöhung mit Ihrem Chef oder Chefin aus, dass die Firma Ihnen ein Fahrrad zur uneingeschränkten beruflichen wie privaten Nutzung stellt. Sämtliche Reparaturen und Servicearbeiten übernimmt dann ebenfalls der Arbeitgeber. Gibt es das Fahrrad nicht

im Zuge einer Gehaltsumwandlung (dazu mehr im nächsten Abschnitt ab S. 130), sondern zusätzlich zum bisherigen Gehalt, müssen Beschäftigte dafür weder Steuern noch Sozialversicherungsabgaben entrichten. Die Firma kann die gesamten Kosten als Betriebsausgabe geltend machen.

❺ Kosten für Notebook, Tablet, Handy, Internet und Telefon

Auch ein neues Notebook oder Tablet kann man sich direkt von der Firma bezahlen lassen – für die Beschäftigten ist das steuer- und sozialversicherungsfrei. Die Firma muss darauf eine pauschale Lohnsteuer von 25 Prozent abführen. Wird das Gerät sowie dessen Zubehör den Beschäftigten lediglich zur Nutzung überlassen, zum Beispiel für mobiles Arbeiten, ist das sogar steuerfrei. Im Zuge der Pauschalbesteuerung mit 25 Prozent kann der Arbeitgeber die Internetgebühren der Beschäftigten mit bis zu 50 Euro im Monat bezuschussen. Steuerfrei können 20 Prozent der Telekommunikationskosten für Festnetz und/oder Mobilfunk vom Arbeitgeber erstattet werden, maximal 20 Euro monatlich.

❻ Essensgeld, Spesen & Co.

Viele Betriebe sorgen für die Verköstigung ihrer Belegschaft: im Betrieb durch verbilligte oder kostenlose Kantinenessen, durch Essensmarken für bestimmte Gaststätten oder Supermärkte oder durch anderweitige Zuschüsse zur Verpflegung, zum Beispiel Restaurantschecks. Auch dieses Extra zum Lohn bleibt bis zu bestimmten Obergrenzen steuerfrei: 2023 liegt diese bei 288 Euro pro Monat. Wichtig dabei: Zahlen die Beschäftigten pro Arbeitstag 3,80 Euro aus eigener Tasche, darf das Unternehmen 3,10 Euro steuer- und sozialabgabenfrei zuschießen. Sonst fällt eine Pauschalsteuer an, die aber viele Arbeitgeberinnen und Arbeitgeber übernehmen.

Sind Mitarbeiterinnen und Mitarbeiter häufig mehr als acht Stunden außerhalb ihrer festen Arbeitsstätte tätig, weil sie zum Beispiel auf Baustellen oder im Außendienst arbeiten, kann die Firma Essensgeld zahlen. Diese im Steuerdeutsch auch Verpflegungsmehraufwendungen genannten Beträge darf die Firma steuer- und sozialversicherungsfrei auszahlen. Sind Beschäftigte mehr als acht Stunden abwesend, beträgt der Spesensatz 14 Euro, bei mehrtägigen Abwesenheiten darf die Firma für jeden vollen Tag 28 Euro zahlen und für An- und Abreisetag je 14 Euro.

❼ Übernahme von Kosten der Kinderbetreuung

Ihr Kind besucht eine Kita oder einen Kindergarten? Für die Unterbringung und Betreuung eines noch nicht schulpflichtigen Kindes kann die Firma zusätzlich zum Arbeitslohn einen steuer- und sozialversicherungsfreien Zuschuss bezahlen. Sie darf sogar die gesamten Kosten für die Betreuung des Kindes übernehmen.

8 Waren und Dienstleistungen des eigenen Unternehmens

Ein Modehändler bietet Beschäftigten vergünstigt Kleidung, der Bäcker rabattiert Brote und Kuchen, Friseurinnen schneiden sich gegenseitig die Haare – bis zu einem Wert von 1080 Euro pro Jahr („Rabattfreibetrag") dürfen Firmen ihren Beschäftigten eigene Waren und Dienstleistungen vergünstigt zur Verfügung stellen oder Geschenke an Mitarbeiter machen. Oberhalb dieser Summe behandelt der Fiskus Belegschaftsrabatte und Vorteile aus der unentgeltlichen Überlassung von Waren und Dienstleistungen der eigenen Firma wie steuerpflichtigen Arbeitslohn.

9 Tankgutscheine und andere Wertkarten

Arbeitgeber dürfen ihren Beschäftigten als Extra zum Gehalt auch Gutscheine und Geldkarten für Waren oder Dienstleistungen über maximal 50 Euro pro Monat steuer- und sozialversicherungsfrei gewähren. Das kann etwa ein Tank- oder Supermarktgutschein sein. Doch Vorsicht: Allgemeine Gutscheine, zum Beispiel für Amazon, sind nicht zulässig, es sind nur drei Arten von Gutscheinkarten für den Sachbezug erlaubt:

▸ **Begrenztes Netzwerk:** Gutscheinkarten von Läden, Einzelhandelsketten oder regionale City Cards

▸ **Begrenzte Warenauswahl:** Gutscheinkarte für nur eine Produktkategorie wie Treibstoff oder Mode

▸ **Gutscheinkarten für einen bestimmten Zweck:** zum Beispiel Karten für Gesundheitsmaßnahmen

Ein Guthaben kann weiterhin angespart werden. Beim Warenumtausch darf aber kein Bargeld ausgezahlt werden.

10 Erholungsbeihilfe

Sie gehen für mindestens eine Woche in Urlaub? Dann dürfen Ihre Chefin oder Ihr Chef zusätzlich zu Arbeitslohn und herkömmlichem Urlaubsgeld auch eine Erholungsbeihilfe an Sie auszahlen. Liegt diese innerhalb bestimmter Freigrenzen, bleibt sie einmal pro Jahr für den Arbeitnehmer steuer- und sozialversicherungsfrei. Der Arbeitgeber muss lediglich eine Pauschalsteuer von 25 Prozent abführen. Die Freigrenzen betragen 156 Euro für Beschäftigte selbst, 104 Euro für deren Ehegattinnen und -gatten und 52 Euro für jedes Kind. Von dieser Beihilfe profitiert also die ganze Familie.

11 Zuschuss zu Kosten der Weiterbildung

Sie besuchen einen Sprach- oder Computerkurs, auch wenn der nicht unmittelbar Ihrem Job zugutekommt? Kein Problem – auch für solche Kurse dürfen Unternehmen ihren Angestellten inzwischen steuer- und sozialversicherungsfreie Zuschüsse gewähren. Die gesetzliche Regelung gilt schon seit 2019 und ausdrücklich auch für sämtliche Fortbildungen, die zur Stärkung der Beschäftigungsfähigkeit führen, also die individuellen Arbeitsmarktchancen der Mitarbeitenden verbessern.

⑫ Betriebseigene oder private E-Ladesäulen

Nicht nur das E-Auto, auch die fürs Laden nötige E-Ladesäule darf die Firma steuerfrei bereitstellen. Die gelegentliche private Nutzung des Dienstwagens hat hierauf keine Auswirkungen. Es gibt noch eine zweite Möglichkeit: Auch wenn die Firma weder E-Auto noch Ladesäule zur Verfügung stellt, dürfen der Arbeitgeber und die Arbeitgeberin ihre Beschäftigten bei Erwerb und Nutzung einer privaten E-Ladesäule unterstützen. Auf solche Zuschüsse fallen für die Firma 25 Prozent Pauschalsteuer an.

⑬ Kurse zur Stärkung der mentalen und körperlichen Fitness

Ob Ernährungsberatung, Raucherentwöhnung oder Yogakurs – zusätzlich zum Arbeitslohn darf die Firma Fitnesskurse bis zu einem Freibetrag von 600 Euro pro Jahr übernehmen. Damit investiert sie direkt ins Wohlbefinden ihrer Mitarbeitenden. Die Unterstützung bleibt für beide Seiten steuer- und sozialversicherungsfrei. Fällt die Förderung höher aus, dann ist nur der Betrag zu versteuern, der den Freibetrag von 600 Euro übersteigt. Wer den Job wechselt, bekommt den Freibetrag von der alten und der neuen Firma und kann ihn sogar zweimal im Jahr ausschöpfen.

HÄTTEN SIE'S GEWUSST?

Bis zum 31. Dezember 2024 können Unternehmen ihren Beschäftigten einen Betrag von **bis zu 3 000 Euro** als Inflationsausgleichsprämie steuer- und sozialversicherungsfrei auszahlen.

Die Prämie muss zusätzlich zum Arbeitslohn bezahlt werden. Möglich sind mehrere **Teilbeträge.** Sie kann je Dienstverhältnis gezahlt werden: Wer mehrere Beschäftigungsverhältnisse hat, etwa einen Hauptjob und einen Nebenjob, dem kann die Prämie von jedem Arbeitgeber bezahlt werden.

Auch bei geringfügigen Beschäftigungsverhältnissen kann **Prämie** gezahlt werden, ohne die Jahresverdienstgrenze zu überschreiten. Bei Auszahlung durch Arbeitgeber reicht es, wenn klar wird, dass sie mit der Preissteigerung zusammenhängt (etwa per Hinweis auf Lohnabrechnung).

⑭ **Betriebliche Krankenversicherung**

Eine private Krankenzusatzversicherung übernimmt beispielsweise Extraleistungen im Krankenhaus oder beim Zahnersatz. Schließen Arbeitgeber als Versicherungsnehmer für ihre Angestellten eine betriebliche Krankenversicherung ab und zahlen monatliche Beiträge von höchstens 50 Euro, dann sind die übernommenen Beiträge als Sachzuwendung zu bewerten und bleiben in diesem Fall steuer- und sozialabgabenfrei. Schließt der Mitarbeiter oder die Mitarbeiterin hingegen selbst einen Vertrag ab und erhält dafür von der Firma einen monatlichen Zuschuss, so ist das Lohn und unterliegt damit der Sozialabgabenpflicht.

⑮ **Kostenfrei Wohnen**

Stellt die Firma eine Wohnung verbilligt oder kostenlos zur Verfügung, müssen Mitarbeitende den Vorteil zwar versteuern. Sie dürfen allerdings ein Drittel der ortsüblichen Miete abziehen. Wer mindestens zwei Drittel der ortsüblichen Miete und nicht mehr als 25 Euro pro Quadratmeter ohne umlagefähige Kosten zahlt, muss auf den Vorteil keine Steuern entrichten.

Fazit: Die Summe dieser Vorteile ist so groß, dass sich die finanziellen Auswirkungen der Inflation aus Sicht der Beschäftigten sehr gut abfedern und im Idealfall sogar kompensieren lassen.

Mit Auto und Rad gespart

Der Dienstwagen gehört zu den beliebtesten Zusatzleistungen zum Gehalt – in den letzten Jahren haben Diensträder an Bedeutung gewonnen. Beides rechnet sich unterm Strich.

Einen Nachteil haben aus Sicht von Chefinnen und Chefs die Extras zum Gehalt, von denen im vorherigen Abschnitt die Rede war: Der Betrieb finanziert die Kosten zu 100 Prozent. Wenn die Firma hier nicht mitzieht, gibt es für Mitarbeitende noch einen zweiten Weg, ihren Nettolohn dauerhaft zu steigern – eigentlich private oder teilprivate Ausgaben steuer- und sozialabgabenbegünstigt aus dem Bruttolohn zu bezahlen. Dadurch sinken Steuern und Sozialabgaben automatisch.

Dieses Verfahren wird als Barlohn- oder auch Gehaltsumwandlung bezeichnet und kommt im Wesentlichen bei Dienstfahrzeugen und der betrieblichen Altersvorsorge zum Einsatz. Altersvorsorge und Vermögenswirksame Leistungen werden im nächsten Abschnitt behandelt, für den Moment soll es um Dienstwagen und Diensträder gehen, die von den Beschäftigten auch privat genutzt werden dürfen.

Dienstwagen mit privater Nutzung
Ein Dienstauto, das auch privat jederzeit genutzt werden darf, ist für viele interessant. Dürfen Mitarbeiterinnen und Mitarbeiter das Auto auch außerhalb ihrer Arbeitszeiten fahren, gelten andere Spielregeln als beim rein dienstlich genutzten Fahrzeug. Sie müssen die private Nutzung dann als geldwerten Vorteil versteuern – dafür wird bei Verbrennern jeden Monat 1 Prozent des inländischen Bruttolistenpreises angesetzt. Nutzen Angestellte das Auto auch für die Fahrten zwischen Wohnung und erster Tätigkeitsstätte, kommen je Entfernungskilometer noch mal 0,03 Prozent des Bruttolistenpreises hinzu.

Für E-Autos gelten günstigere Regeln. Handelt es sich bei dem überlassenen Fahrzeug um ein reines Elektroauto ohne Kohlendioxidemission, müssen Nutzer nur ein Viertel des Bruttolistenpreises mit 1 Prozent und 0,03 Prozent pro Entfernungskilometer pro Monat als geldwerten Vorteil versteuern. Allerdings darf der Listenpreis des E-Autos nicht mehr als 60 000 Euro betragen. Nutzen Sie das Auto nur selten privat, kann sich ein Fahrtenbuch (siehe auch Checkliste S. 132) lohnen. Das müssen Sie vorher mit Ihrem Chef absprechen.

Haben Sie trotz der Pauschalregelung ein Fahrtenbuch geführt, können Sie auch rückwirkend diese Methode wählen. Falls das zu umständlich ist, kann wenigstens der geldwerte Vorteil für Fahrten zur Arbeit korrigiert werden – das lohnt sich, wenn Sie den Wagen zum Beispiel coronabedingt an weniger als 15 Tagen im Monat dafür genutzt haben: Statt 0,03 Prozent des Listenpreises werden dann pro Fahrt und Entfernungskilometer nur 0,002 Prozent angesetzt.

Listen Sie in Ihrer Steuerabrechnung auf, an welchen Tagen Sie im jeweiligen Steuerjahr in die Firma gefahren sind, und weisen Sie nach, dass Ihr Arbeitgeber diese Fahrten nach der ungünstigeren Pauschalmethode mit 0,03 Prozent des Listenpreises versteuert hat. Zum Ausgleich für die Versteuerung des geldwerten Vorteils dürfen Sie Fahrten zwischen Wohnung und Arbeitsplatz mit der Entfernungspauschale als Werbungskosten steuerlich absetzen.

Auch Selbstständige müssen Steuern zahlen, wenn sie ihr Auto privat nutzen. Diese ermitteln sie im Prinzip wie Arbeitnehmerinnen und Arbeitnehmer. Im Gegenzug können sie innerhalb vernünftiger Grenzen sämtliche Ausgaben für den Firmenwagen als Betriebsausgaben geltend machen. So wird ein Ferrari für die Bügel-

Fahrtenbuch richtig führen

Mehr Netto vom Brutto: Wer mithilfe der Firma Abgaben sparen möchte, der muss als Dienstwagenfahrer oder -fahrerin beim Fahrtenbuch penibel sein.

☐ **Ordnungsgemäß.** Ein Fahrtenbuch muss Mindestanforderungen an die Form erfüllen. So ist es in gebundener oder zumindest geschlossener Form zu führen. Eine Sammlung loser handschriftlicher Notizen genügt nicht – selbst wenn diese lückenlos ist und im Nachhinein daraus ein Fahrtenbuch erstellt wird. Fahrtenbücher sind im Schreibwarenhandel erhältlich.

☐ **Elektronisch.** Fahrtenbücher dürfen elektronisch geführt werden, etwa per Smartphone-App. Eine nachträgliche Änderung der Daten muss jedoch technisch ausgeschlossen sein – oder zumindest in einer Extradatei dokumentiert werden. Eine Excel-Liste oder besprochene Kassetten scheiden aus (Finanzgericht Köln, Az. 10 K 33/15).

☐ **Zeitnah.** Tragen Sie jede Fahrt unmittelbar nach Abschluss ein.

Vermeiden Sie unbedingt nachträgliche Vermerke „am Stück". Das erregt nicht nur äußerlich das Misstrauen des Finanzamtes. Die Beamten kommen mithilfe statistischer Methoden auch erfundenen Kilometerangaben auf die Spur.

☐ **Detailliert.** Bei beruflich veranlassten Fahrten vermerken Sie Datum, Ziel, Zweck, Kilometerstand zu Beginn und Ende der Fahrt sowie die Namen der besuchten Kunden oder Geschäftspartner. Bei größeren Umwegen interessiert sich das Finanzamt auch für die Reiseroute. Bei Privatfahrten reichen die gefahrenen Kilometer. Für Fahrten zwischen Wohnung und Arbeitsplatz genügt ein Vermerk samt Angabe der gefahrenen Kilometer.

☐ **Vollständig.** Besuchen Sie auf einer Dienstreise mehrere Kunden, tragen Sie diese chronologisch ein. Schieben Sie auf einer beruflichen eine private Fahrt ein, vermerken Sie diese gesondert und dokumentieren Sie den Kilometerstand nach Fahrtende.

stube beim Fiskus nicht durchgehen. Selbstständige, die Umsatzsteuer zahlen, können sich beim Finanzamt außerdem die Mehrwertsteuer anrechnen lassen, die auf Kraftstoff, Leasingraten, -sonderzahlungen und Reparaturen fällig wird.

Wer den Dienstwagen nur selten privat fährt, ist eventuell mit einem Fahrtenbuch besser dran. Jede Fahrt einzeln darin einzutragen ist zwar deutlich aufwendiger als die 1-Prozent-Methode – dafür aber genauer. Welche Versteuerung günstiger kommt, ist immer individuell zu ermitteln. Eine Faustformel gibt es nicht – Anhaltspunkte schon.

66 Wer den Dienstwagen nur selten privat fährt, ist eventuell mit einem Fahrtenbuch besser dran.

———

Ein Fahrtenbuch lohnt sich umso eher, je weniger Mitarbeitende den Wagen privat nutzen und je weniger sie insgesamt fahren. Die Firma muss auf dem Gehaltszettel jedoch nicht auf Basis eines Fahrtenbuchs abrechnen. Tut sie das nicht, müssen Angestellte den geldwerten Vorteil in ihrer Steuererklärung selbst korrigieren.

Auch bei der Versteuerung nach Fahrtenbuch muss der Arbeitgeber bereits im Lauf des Jahres Lohnsteuer für den geldwerten Vorteil abziehen. Der steuerpflichtige Nutzungswert berechnet sich hier auf Grundlage der Gesamtkosten eines Fahrzeugs. Er entspricht dem Anteil der privat und zwischen Wohnung und Arbeit gefahrenen Kilometer an der gesamten Fahrleistung.

Weil es im ersten Jahr noch keine Erfahrungswerte gibt, berechnet der Arbeitgeber vorläufige Werte. Dafür versteuert er jeden gefahrenen Kilometer mit 0,001 Prozent des Listenpreises. Ab dem Folgejahr setzt er den monatlichen Nutzungswert zunächst vorläufig an – mit einem Zwölftel des Vorjahresbetrags. Am Ende des Jahres muss der Arbeitgeber anhand des vollständigen Fahrtenbuchs das ganze Jahr neu rechnen und Differenzen nachversteuern.

Für ihre Steuererklärung benötigen Angestellte vom Arbeitgeber einen Nachweis über die Gesamtkosten. Dazu gehören Abschreibung (AfA), Leasingraten und Kosten für Benzin, Öl, Reifen, Inspektionen und Reparaturen – jeweils inklusive Mehrwertsteuer. Hinzu kommen Ausgaben für Kfz-Steuer, Autoversicherung, Garage oder Stellplatz. Nicht dazu zählen unter anderem Beiträge für Insassen- und Unfallversicherung. Maut- und Parkplatzentgelte werden gesondert mit dem Chef abgerechnet, Bußgelder zahlt in der Regel der Arbeitnehmer.

Dienstrad mit privater Nutzung

Während Dienstwagen vor allem Führungskräften und Außendienstlern vorbehalten sind, ist das beim Fahrrad anders. Es ist das neue Statussymbol: Eltern kutschieren

Mit dem Dienstwagen günstig mobil

Ein vom Arbeitgeber gestelltes Auto, das auch privat genutzt werden kann, gehört zu den attraktivsten Extras zum Gehalt. Zwar müssen Arbeitnehmerinnen und Arbeitnehmer einen Eigenbeitrag leisten, aber dieser ist im Regelfall weitaus geringer als die vergleichbaren Kosten, wenn das Fahrzeug privat geleast oder gekauft würde.

(Alle Angaben in Euro)	Ohne Firmenwagen	Mit Firmenwagen (Verbrenner)	Mit Firmenwagen (Elektro)	Mit Firmenwagen (Hybrid)[1]
Arbeitseinkünfte				
Gehalt	4 000	4 000	4 000	4 000
+ geldwerter Vorteil Firmenwagen[2]	0	400	100	200
+ geldwerter Vorteil Fahrkosten[2]	0	240	60	120
= zu versteuerndes Brutto	4 000	4 640	4 160	4 320
Sozialabgaben				
– Rentenversicherung (18,6 %)	372	432	387	402
– Arbeitslosenversicherung (2,6 %)	52	60	54	57
– Pflegeversicherung (3,4 %)	75	87	78	81
– Krankenversicherung (16,2 %)	324	376	337	350
Summe	823	955	856	890
Steuern				
– Lohnsteuer	588	762	631	674
– Soli-Zuschlag	0	0	0	0
– Kirchensteuer	0	0	0	0
Summe	588	762	631	674
Nettogehalt und Effektivkosten				
– geldwerter Vorteil	0	640	160	320
– Fullservice-Leasingrate und Kraftstoff	1 013	inkl.	inkl.	inkl.
Nettogehalt abzüglich Auto	1 576	2 283	2 513	2 436
Effektive Kosten für das Auto	1 013	306	76	153

Alle Angaben pro Monat. Lediger Arbeitnehmer, kinderlos, Steuerklasse 1, nicht kirchensteuerpflichtig aus Hessen, wohnt 20 Kilometer vom Arbeitsort entfernt, gesetzlich sozialversichert. Die Berechnung erfolgte mit dem Lohnsteuerrechner des BMF für das Veranlagungsjahr 2023. Anschaffung des Fahrzeugs 2023, Listenpreis 40 000 Euro.

1) Mehr als 60 Kilometer rein elektrische Reichweite oder höchstens 50 Gramm CO_2-Emission pro Kilometer. 2) Pauschale Prozent-Regelung, kein Fahrtenbuch. Quelle: Eigene Berechnungen

Kinder und Einkäufe in speziellen Lastenrädern, Rennradler überholen den alltäglichen Stau im Berufsverkehr, und Wochenendfahrer legen mit Pedelecs auch weite Strecken ohne Mühe zurück.

Hochwertige Räder haben ihren Preis. Günstiger fahren Arbeitnehmer, die ihr Rad nicht selbst kaufen, sondern es sich vom Chef stellen lassen. Besonders beliebt sind Leasingmodelle. Steuerlich gesehen ähnelt das Dienstrad dem Dienstwagen.

In der Regel schafft die Firma das Rad nicht selbst an, sondern mietet es bei einem Leasinganbieter für 36 Monate. Dieser hilft meist bei der Auswahl oder vermittelt einen Händler, versichert das Rad gegen Diebstahl und übernimmt die Wartung.

Spendiert die Chefin zusätzlich zum regulären Arbeitslohn ein Fahrrad oder ein Elektro-Fahrrad, das nicht als Kfz gilt (Pedelec), fahren Arbeitnehmer damit bis Ende 2030 steuerfrei. Lohnsteuerfrei ist auch das Aufladen im Betrieb.

Das Überlassen eines Elektro-Fahrrads per Entgeltumwandlung ist zwar steuerpflichtig, doch der geldwerte Vorteil in Höhe von 1 Prozent muss nur aus einem Viertel des Bruttolistenpreises berechnet werden. Am Ende der dreijährigen Leasingzeit kaufen Sie das Rad zum Beispiel für 600 Euro. Das Finanzamt setzt als Restwert 40 Prozent des Neupreises (Bruttolistenpreis 3500 Euro) an, also 1400 Euro. Die Differenz von 800 Euro müssen Sie versteuern. Einige Leasinganbieter lassen mit sich reden und übernehmen die Steuer, die für sie pauschal 30 Prozent beträgt.

Insgesamt ist das Modell sehr lukrativ, Dienstradfahrer können unterm Strich gegenüber dem Privatkauf gut und gerne ein Drittel der Kosten sparen. Der Restwert von 40 Prozent ist übrigens eine Vereinfachungsregelung. Kaufwillige können jederzeit nachweisen, dass der tatsächliche Wert niedriger liegt, zum Beispiel durch ein Wertgutachten des Fahrradhändlers.

Zweiräder in der Steuererklärung

Bei Rädern mit Elektromotor unterscheidet das Steuerrecht zwischen Pedelecs, deren Motoren ab 25 Kilometer pro Stunde abschalten, und E-Bikes, die ihre Fahrer auch bei schnelleren Geschwindigkeiten unterstützen. E-Biker müssen zusätzlich auch Fahrten zwischen Wohnung und Büro als geldwerten Vorteil versteuern – jeden Monat mit 0,03 Prozent von einem Viertel des Bruttolistenpreises. In ihrer Steuererklärung tragen Arbeitnehmende daher wie gewohnt den Verdienst aus der Jahreslohnabrechnung ein. Dieser enthält bereits den geldwerten Vorteil für die Privatnutzung. Auf der Ausgabenseite mindern sie ihre Einkünfte, indem sie Jobkosten wie die Pendlerpauschale geltend machen: Für jeden Arbeitstag setzen sie 30 Cent pro Kilometer der einfachen Entfernung zwischen Wohnung und Arbeitsstätte für die ersten 20 Kilometer an und 0,38 Cent ab dem 21. Entfernungskilometer.

Mit dem Jobrad sparen

Ein Dienstrad, das auch privat genutzt werden darf, kann unterm Strich wesentlich billiger kommen als ein privat angeschafftes Bike.

(Alle Angaben in Euro)	Privatkauf	Dienstrad
Arbeitseinkommen		
Bruttogehalt	3 000	3 000
+ geldwerter Vorteil	—	6
− Leasingrate (Gehaltsumwandlung)	—	−71
− Rundumschutzkosten (trägt der Arbeitgeber)	—	—
Zu versteuerndes Bruttogehalt	3 000	2 935
− Sozialabgaben	− 617	−604
− Steuern	− 342	−327
− geldwerter Vorteil	—	− 6
Nettogehalt	2 041	1 998
Daraus ergeben sich für das Dienstrad monatliche Nettokosten von:		43
Ersparnis im Vergleich zum Privatkauf		
Kaufpreis / Raten für 36 Monate	2 500	1 548
+ Rundumschutz-Kosten	475	—
Zu erwartende Ablöse nach 36 Monaten	—	450
Gesamtkosten	2 975	1 998
Gesamtersparnis (32,8 % relative Ersparnis gegenüber Privatkauf)		977

Alle Angaben pro Monat. Lediger Arbeitnehmer, kinderlos, Steuerklasse 1, ohne Kirchenzugehörigkeit aus Hessen, gesetzlich sozialversichert, Zusatzbeitrag zur Krankenkasse 1,6 %. Die JobRad-Versicherung in Höhe von 265 Euro und die JobRad-Inspektion in Höhe von 210 Euro über die 36 Monate Leasingdauer wurden in dieser Berechnung voll vom Arbeitgeber getragen.

Quelle: JobRad Vorteilsrechner basierend auf Werten für das Veranlagungsjahr 2023

Aus dem Brutto fürs Alter vorsorgen und sparen

Mitarbeitende haben Anspruch auf eine betriebliche Altersvorsorge und oft auch auf Vermögenswirksame Leistungen.
Allerdings bestimmt die Firma, was genau möglich ist.

Nichts geht ohne Chef oder Chefin in der betrieblichen Altersvorsorge. Beschäftigte haben zwar ein Recht darauf, über den Betrieb für das Alter vorzusorgen. Aber in welcher Form das geschieht, entscheiden die Arbeitgeber.

Bei der betrieblichen Altersvorsorge gibt es sechs verschiedene Varianten, auch „Durchführungswege" genannt. Manche Wege werden eher in kleinen und mittleren Unternehmen häufig verfolgt, andere eher in Großkonzernen.

▸ **Direktversicherung – häufig in kleinen Betrieben:** Eine Direktversicherung ist eine Lebensversicherung, die die Firma für Mitarbeitende abschließt. Mindestens diese Möglichkeit muss jede Firma ihren Beschäftigten bieten. Deswegen wird die Direktversicherung häufig in kleinen und mittleren Unternehmen angeboten. Üblich ist die klassische Form der Direktversicherung mit Garantiezins. Bei Neuabschlüssen ab 2022 beträgt dieser 0,25 Prozent. Verzinst wird jedoch nicht die gesamte Einzahlung, sondern nur der Teil, der nach

Abzug der Kosten übrig bleibt. Neuerdings werden Direktversicherungen auch häufig mit abgeschwächten Garantien angeboten, sodass nur noch der Beitragserhalt garantiert wird. Direktversicherungen sind als Gruppenvertrag für mehrere Mitarbeiter in der Regel kostengünstiger als Einzelverträge. Nachteil: Lebensversicherungen legen zum größeren Teil in Zinspapieren an, weil sie die Garantien erfüllen müssen. Das ist nicht inflationssicher.

▸ **Pensionskasse – Vorsorgeform mit Unterschieden:** Häufig sind Pensionskassen mit einem einzelnen oder einigen Unternehmen verbunden und stehen nur den Mitarbeiterinnen und Mitarbeitern dieser Firmen für die betriebliche Altersversorgung offen. Es gibt aber Pensionskassen, die von Versicherungsunternehmen angeboten werden und einem größeren Markt offenstehen. Pensionskassen legen ähnlich wie Lebensversicherer an. Zunächst sind da die traditionellen Pensionskassen: Sie existieren häufig seit Jahrzehnten und sind in der Regel als Verein organisiert, dessen Mitglieder die Arbeitgeber sind. Die Leistungen dieser Pensionskassen ähneln denen der Lebensversicherer. Die Pensionskassen dürfen allerdings mit einem höheren Rechnungszins kalkulieren als die für Renten- und Lebensversicherungen gültigen 0,25 Prozent. Seit jeder das Recht hat, im Betrieb für das Alter zu sparen, dringen auch die Lebensversicherer in den Markt der Pensionskassen. Viele von ihnen gründeten Pensionskassen als Tochterunternehmen. Die Angebote und Vertriebsstrukturen ähneln denen der Muttergesellschaften. Die Versicherer bieten Beratung an und gehen mit ihren Vertriebsleuten in die Unternehmen. Das verursacht Vertriebskosten, die die Versicherten finanzieren müssen und die die Rendite drücken.

Einige Pensionskassen haben Finanzierungsprobleme: Die Bundesanstalt für Finanzdienstleistungsaufsicht (Bafin) macht sich Sorgen um ein Drittel aller Pensionskassen, weil sie offenbar nicht ausreichend finanziert sind. Ein Bafin-Sprecher teilte auf Finanztest-Anfrage mit, dass die Bafin derzeit „die Kassen dazu drängt, bei ihren Trägern oder Aktionären rechtzeitig Unterstützung einzufordern", Ziel sei es, „Leistungskürzungen möglichst zu vermeiden". Falls es bei einer Kasse doch dazu kommt, muss die Firma einspringen.

▶ **Pensionsfonds – oft in großen Betrieben:** Große Unternehmen wie RWE, Siemens oder Bosch haben oft eigene Pensionsfonds zur betrieblichen Altersversorgung, die meist nur ihren Mitarbeitenden offenstehen. Im Vergleich zu den anderen Formen kann hier ein größerer Teil der Geldanlage in Aktien gesteckt werden. Im Gegenzug müssen Sparer jedoch Abstriche bei der Garantie hinnehmen. Da der Arbeitgeber dem Pensionssicherungsverein angehören muss, ist im Pleitefall jedoch das gesamte Sparvermögen abgesichert. Welche Rente ein Pensionsfonds zahlt, hängt von den Erträgen ab. Entscheidend sind außerdem die Kosten, die der Fonds für Vertragsabschluss, Verwaltung und Zusatzleistungen wie Hinterbliebenenschutz kassiert.

▶ **Unterstützungskasse – vorteilhaft für Gutverdiener:** Die Unterstützungskasse ist eine arbeitgebereigene Einrichtung für die betriebliche Altersvorsorge. Große Unternehmen und Konzerne haben häufig eigene Unterstützungskassen. Einzahlungen sind steuerlich begünstigt. Unterstützungskassen gelten als besonders geeignet für Beschäftigte in den mittleren und oberen Hierarchiestufen eines Unternehmens. Wie hoch die Betriebsrente ausfällt, hängt stark von der Zusage des Arbeitgebers ab. Dieser garantiert nur eine Mindestauszahlung. Sie kann sich jedoch um Über-

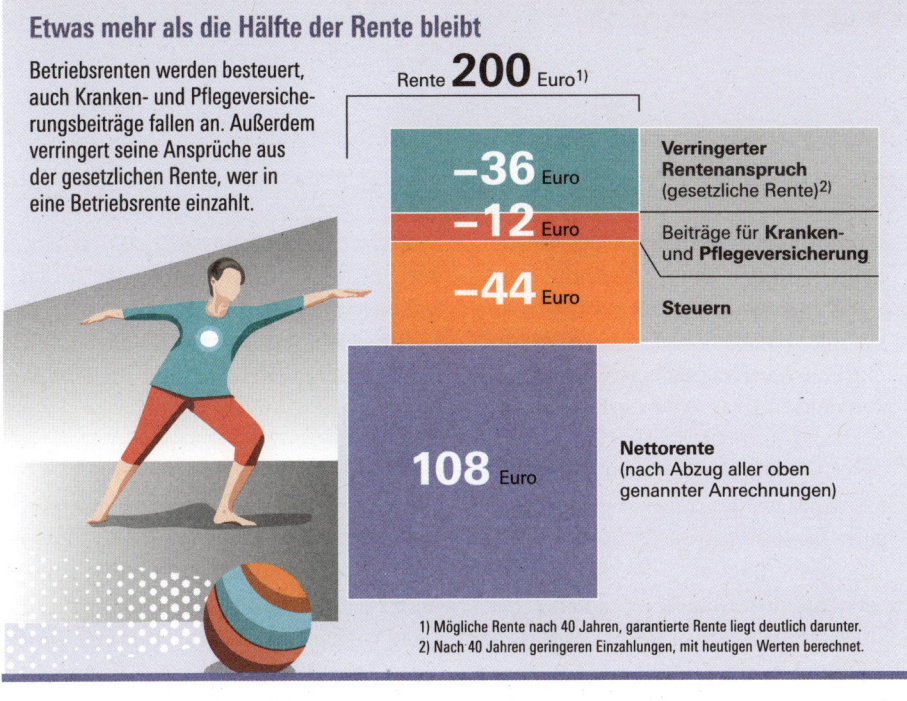

Etwas mehr als die Hälfte der Rente bleibt

Betriebsrenten werden besteuert, auch Kranken- und Pflegeversicherungsbeiträge fallen an. Außerdem verringert seine Ansprüche aus der gesetzlichen Rente, wer in eine Betriebsrente einzahlt.

Rente **200** Euro[1]

−**36** Euro — **Verringerter Rentenanspruch** (gesetzliche Rente)[2]

−**12** Euro — Beiträge für **Kranken- und Pflegeversicherung**

−**44** Euro — **Steuern**

108 Euro — **Nettorente** (nach Abzug aller oben genannter Anrechnungen)

1) Mögliche Rente nach 40 Jahren, garantierte Rente liegt deutlich darunter.
2) Nach 40 Jahren geringeren Einzahlungen, mit heutigen Werten berechnet.

schüsse erhöhen. Dies wiederum hängt von den Erträgen der Unterstützungskasse ab. Unterstützungskassen legen ähnlich wie Lebensversicherungen an.

▶ **Direktzusage – Rente aus laufenden Erträgen:** Der Arbeitgeber verpflichtet sich, den Mitarbeitern eine Rente aus dem Betriebsvermögen zu bezahlen. Diese Form wird häufig von großen Unternehmen genutzt. Die Direktzusage kommt ohne externen Versorgungsträger aus. Damit der Arbeitgeber sein Versprechen gegenüber den Mitarbeitern halten kann, muss er Rückstellungen bilden – diese kann er jedoch auch in die eigene Firma investieren. Dank dieses Vorgehens zahlt das Unternehmen weniger Steuern und hat erst einmal mehr Geld zur Verfügung. Die zugesagten Leistungen muss es irgend-

wann in einer Art Umlageverfahren aus laufenden Erträgen zahlen. Da die Betriebsrente jedoch bei Zahlungsschwierigkeiten gefährdet wäre, zahlt das Unternehmen Beiträge an den Pensions-Sicherungs-Verein. Dieser würde im Fall einer Insolvenz einspringen. Mitarbeitende tragen ein doppeltes Risiko – als Arbeitnehmerinnen und Arbeitnehmer sowie als Pensionärinnen und Pensionäre sind sie auf Gedeih und Verderb ans Schicksal ihrer Firma gebunden. Das widerspricht dem Gedanken, Risiken zu streuen.

▶ **Sozialpartnermodell:** Seit 2018 dürfen sich Arbeitgeber und Gewerkschaften auch auf einen neuen Weg der betrieblichen Altersvorsorge einigen. Das „Sozialpartnermodell" erlaubt Rentenzusagen, die keine bestimmte Rentenhöhe mehr garantieren. Stattdessen gibt es eine „Zielrente", also eine Zielgröße, wie hoch die Rente etwa ausfallen soll. Das soll in Zeiten niedriger Zinsen eine ertragreichere Geldanlage, zum Beispiel mit Aktien, ermöglichen. Sozialpartnermodelle sollen über Tarifverträge eingeführt werden. Eine gute Idee, aber bisher ist dieses Modell kaum verbreitet.

Bei der Entgeltumwandlung zahlen Arbeitnehmende aus ihrem unversteuerten Bruttoeinkommen ein. Der Staat erlässt ihnen einen Teil ihrer Steuern und auch Sozialversicherungsbeiträge, wenn ihr Gehalt unterhalb der Bemessungsgrenzen für die Gesetzliche Rentenversicherung (West: 87 600 Euro, Ost: 85 200 Euro, für 2023) und für die gesetzliche Kranken- und Pflegeversicherung (2023: 59 850 Euro) liegt.

Am besten für Mitarbeiter und Mitarbeiterinnen ist es natürlich, wenn die Firma die Beiträge vollständig übernimmt oder ihnen ordentlich Geld zur Betriebsrente zuschießt. Das machten bisher schon viele Betriebe freiwillig. Seit 2022 ist das sogar für fast alle Verträge Pflicht. Die Betriebe müssen mindestens 15 Prozent auf den Beitrag draufsatteln, auch wenn der Vertrag schon vor Jahren abgeschlossen wurde. Allerdings nur unter zwei Voraussetzungen: Der Chef oder die Chefin sparen Sozialabgaben, und im Tarifvertrag ist keine andere Regelung vorgesehen.

Den vollen Zuschuss erhält, wer unter der Beitragsbemessungsgrenze für die Krankenversicherung verdient (58 050 Euro brutto jährlich). Mitarbeitende und ihre Arbeitgeber sparen dann am meisten Beiträge für die Kranken- und Pflegeversicherung. Zudem müssen Arbeitnehmer und Arbeitnehmerinnen pflichtversichert in der gesetzlichen Rentenversicherung sein. Gefördert werden Verträge bei Direktversicherungen, Pensionskassen und Pensionsfonds. Der Zuschuss muss auch dann gezahlt werden, wenn die Mitarbeitenden ihren Sparbeitrag erhöhen – solange die Firma weiterhin Sozialabgaben spart.

Wenn die Arbeitgeber nicht die kompletten Sozialabgaben einsparen, weil die Mitarbeitenden zwischen den Beitragsbemessungsgrenzen von Krankenversicherung und der Rentenversicherung verdienen, dürfen sie den Zuschuss auf die tatsächlich eingesparten Beiträge beschränken und weniger als 15 Prozent dazugeben. In vielen Fällen werden sie aber vermutlich aufgrund des Berechnungsaufwands pauschal 15 Prozent zahlen. Auch für „individual- und kollektivrechtliche Entgeltumwandlungsvereinbarungen, die vor dem 1. Januar 2019 geschlossen worden sind", gilt der Zuschuss seit dem 1. Januar 2022. Bei bestehenden Tarifverträgen oder Betriebsvereinbarungen musste der Arbeitgeberzuschuss vorher nicht gezahlt werden. Wenn sich die Tarifpartner einig sind, können sie vereinbaren, auch künftig keinen Zuschuss zu zahlen.

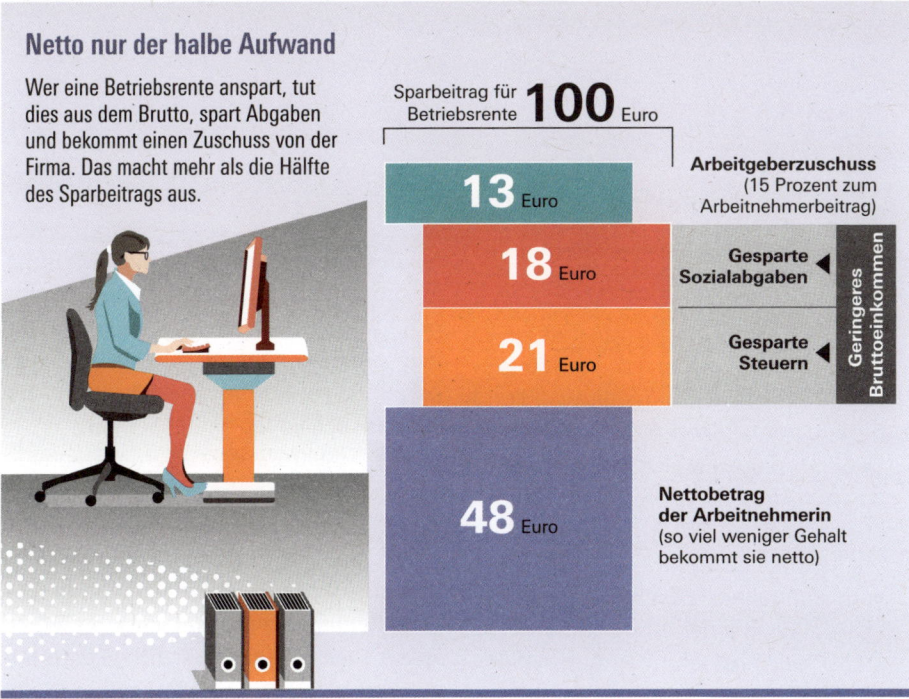

Netto nur der halbe Aufwand

Wer eine Betriebsrente anspart, tut dies aus dem Brutto, spart Abgaben und bekommt einen Zuschuss von der Firma. Das macht mehr als die Hälfte des Sparbeitrags aus.

Sparbeitrag für Betriebsrente **100** Euro

13 Euro — **Arbeitgeberzuschuss** (15 Prozent zum Arbeitnehmerbeitrag)

18 Euro — **Gesparte Sozialabgaben**

21 Euro — **Gesparte Steuern**

Geringeres Bruttoeinkommen

48 Euro — **Nettobetrag der Arbeitnehmerin** (so viel weniger Gehalt bekommt sie netto)

Der eigene Aufwand für eine Betriebsrente per Direktversicherung ist geringer als der für eine private Rentenversicherung. Der Beitrag fließt aus dem Bruttogehalt. Ein Teil davon wird umgewandelt in Beiträge für eine Betriebsrente. So können Mitarbeitende sowie Chefs und Chefinnen Sozialabgaben und Steuern sparen. Das reduziert den Eigenaufwand der Beschäftigten erheblich und erhöht die Rendite. Denn der Bruttobeitrag erwirtschaftet den Ertrag, die Bezugsgröße für die Rendite ist aber der kleinere Nettobeitrag. Somit steigt die Rendite.

Seit dem Jahr 2020 ist die Steuerförderung verbessert worden für Arbeitgeber, die für geringverdiende Arbeitnehmer eine Betriebsrente aufbauen. Die monatliche Einkommensgrenze (Bruttogehalt) wurde von 2200 Euro auf 2575 Euro angehoben. Gefördert werden jetzt Beiträge zum Auf-

bau einer Betriebsrente bis höchstens 960 Euro im Kalenderjahr. Der staatliche Zuschuss beträgt 30 Prozent des gesamten Arbeitgeberbeitrags, also höchstens 288 Euro. Wenn Sie weniger als 2575 Euro verdienen, sprechen Sie Ihren Arbeitgeber oder Ihre Personalabteilung auf eine Betriebsrente mit der Förderung an.

In Pensionskassen, Pensionsfonds und Direktversicherungen dürfen bis zu 4 Prozent der jährlichen Beitragsbemessungsgrenze der gesetzlichen Rentenversicherung (West) auf diesem Weg gespart werden. Aktuell (Stand 2023) sind das 3504 Euro im Jahr oder 292 Euro im Monat. Für weitere vier Prozent entfallen nur die Steuern. Auch der Arbeitgeber spart durch die Entgeltumwandlung Lohnnebenkosten. Fair wäre es, wenn er diese rund 20 Prozent als Zuschuss zum Ansparen dazugibt.

→ Beispiel

Eine Arbeitnehmerin, die 3 000 Euro brutto im Monat verdient, spart einschließlich des Arbeitgeberzuschusses 100 Euro per Entgeltumwandlung für ihre betriebliche Altersvorsorge. Dadurch reduziert sich ihr Bruttogehalt auf 2 900 Euro. Sie selbst zahlt knapp 87 Euro. Der Arbeitgeber sattelt knapp 13 Euro drauf. Dies ist der vorgeschriebene Zuschuss von 15 Prozent. Durch die „Umwandlung" eines Teils ihres Bruttoentgelts spart die Arbeitnehmerin Steuern und Sozialabgaben in Höhe von rund 39 Euro. Obwohl 100 Euro in die betriebliche Altersvorsorge fließen, reduziert sich ihr Nettogehalt also nur um rund 48 Euro.

Der Abgabenerlass in der Ansparphase ist nur die eine Seite der Medaille. In der Rentenphase holt sich der Staat zumindest einen Teil der Förderung wieder zurück. Die Betriebsrente muss in der Rentenphase wie Arbeitseinkommen komplett versteuert werden. Ein Vorteil: In der Regel ist der persönliche Steuersatz im Rentenalter geringer als während der Ansparphase.

Fällig werden für gesetzlich Versicherte außerdem Beiträge zur Krankenversicherung und Pflegeversicherung. Die Belastung der Betriebsrenten mit Sozialabgaben wurde etwas gemindert: Zwar werden weiterhin die vollen Sozialabgaben fällig – anders als bei der gesetzlichen Rentenversicherung, wo nur die Hälfte der Beiträge vom Rentner gezahlt wird. Dies gilt allerdings erst oberhalb eines Freibetrags von 169,75 Euro (2023). Hinzu kommt die Pflegeversicherung auf den vollen Rentenbetrag.

Vor Abschluss einer Betriebsrente ist ebenfalls wichtig zu bedenken: Zwar sparen Arbeitnehmer in der Ansparphase Sozialabgaben. Aber dadurch schmälern sie auch ihre Ansprüche. Wer weniger in die gesetzliche Rentenversicherung einzahlt, erhält später auch weniger gesetzliche Rente. Das gilt zumindest für alle Beschäftigten, die nicht mehr verdienen als die Beitragsbemessungsgrenze der gesetzlichen Rentenversicherung, also für die meisten.

Beispiel: Eine Frau spart 40 Jahre lang 100 Euro – inklusive des Firmenzuschusses von 15 Prozent – in eine betriebliche Altersvorsorge und geht mit 67 in Rente. Auf die Rente zahlt sie Steuern und Sozialabgaben. Als Folge der geringeren Einzahlungen in die gesetzliche Rentenversicherung durch die Entgeltumwandlung bekommt sie rund 36 Euro gesetzliche Rente weniger.

Bei der betrieblichen Altersvorsorge greift die Krankenkasse auch dann zu, wenn die Leistung nicht als Rente, sondern auf einen Schlag ausgezahlt wird. Die Kapitalzahlung wird rechnerisch gesplittet in 120 Monatsraten und für die Berechnung der Krankenversicherungsbeiträge der Freibetrag von 169,75 Euro abgezogen. Zehn Jahre lang erhebt die Krankenkasse dann auf den Monatsbetrag Kranken- und Pflegeversicherungsbeitrag.

Der Freibetrag gilt nicht für freiwillig gesetzlich Krankenversicherte. Sie zahlen ab dem ersten Renten-Euro Beiträge. Auch für Rentnerinnen und Rentner mit Einkünften oberhalb der Beitragsbemessungsgrenze (58 050 Euro) hat der Freibetrag keine Wirkung. Privat krankenversicherte Rentner hingegen zahlen keine gesonderten Beiträge auf ihre Betriebsrente.

Ausnahmen bei den Sozialabgaben gibt es für Berentete, die Verträge bei einer Direktversicherung privat weitergeführt haben. Wenn sie zum Beispiel ihren Arbeitgeber gewechselt haben und ihren Betriebsrentenvertrag im Anschluss privat weiter bespart haben, müssen sie auf den Teil der Rente, der aus eigenen Zahlungen stammt, keine Sozialabgaben zahlen. Wichtig: Das gilt nur, wenn in dem Vertrag nach dem Wechsel die Beschäftigten als Versicherungsnehmende eingetragen wurden. Seit Juni 2018 gilt diese Ausnahme auch für privat weitergeführte Pensionskassenverträge.

Die betriebliche Altersvorsorge in Deutschland ist in der Regel gut abgesichert. Je nach Art der Durchführung gibt es unterschiedliche Sicherungseinrichtungen, die Betriebsrenten auszahlen, falls das Unternehmen oder der Anbieter der betrieblichen Altersvorsorge pleitegeht.

Wenn Anbieter der Betriebsrenten ihre Leistungen nicht erbringen können, muss zunächst die Firma einspringen, damit die

Nachhaltig anlegen

Grundsätzlich sind VL-Sparende (siehe S. 144) mit Weltaktien-ETF, die das Siegel „1. Wahl" im Fondsfinder auf test.de tragen, gut bedient, siehe dazu auch Tabelle S. 154. Alle, die bei der Geldanlage verstärkt auf ethisch-ökologische Kriterien achten, finden auf S. 155 jene für VL angebotenen Fonds, die nach unserem Test erhöhten Anforderungen an die Nachhaltigkeit gerecht werden. Dort werden die Ausschlusskriterien im Detail beschrieben. Unter den ETF kommt aus ethisch-ökologischer Sicht am ehesten der UBS MSCI World Socially Responsible infrage. Wer auf besonders strenge Kriterien Wert legt, ist mit den aktiven Fonds Monega Steyler Fair Invest Equities, Triodos Global Equities Impact und TerrAssisi Aktien besser bedient.

Arbeitnehmenden die einst zugesagte Renten bekommen. Nur in den Fällen, in denen sowohl die Firma insolvent ist als auch die Pensionskasse Leistungen kürzt, kann es zu geringeren Zahlungen kommen. Dies ist der Fall bei einigen Pensionskassen in Form eines Versicherungsvereins. Diese Lücke im Insolvenzschutz wurde 2022 geschlossen.

Pensionskassen in Form einer Aktiengesellschaft (AG), die von großen Versicherungsunternehmen angeboten werden, sind über die Sicherungseinrichtung der Lebensversicherer namens Protektor geschützt. Gerät eine Pensionskassen-AG in Schieflage, übernimmt Protektor die Versicherungsverträge, führt sie weiter und zahlt dann auch die Rente aus. Pensionskassen in Form eines Versicherungsvereins hatten lange keinen Pleiteschutz. Solche Pensionskassen wurden von einem oder mehreren Unternehmen gegründet für die betriebliche Altersvorsorge ihrer eigenen Beschäftigten. Nach einem Urteil des Europäischen Gerichtshofs gibt es nun auch für sie einen Pleiteschutz (Rechtssache C 168/18).

Ebenso wie Riester-Renten werden Betriebsrenten seit Anfang 2018 nicht mehr komplett auf die Grundsicherung im Alter angerechnet. Diese Sozialleistung bekommen Menschen, deren Einkünfte im Alter nicht zum Leben reichen. Sie dürfen dann 100 Euro monatlich aus einer zusätzlichen Altersvorsorge behalten, von darüber hinausgehendem Einkommen 30 Prozent, höchstens jedoch bis zu 251 Euro (2023). Dieser Höchstbetrag steigt jährlich.

Vermögenswirksame Leistungen (VL)

Sehr viele Arbeitnehmerinnen und Arbeitnehmer haben Anspruch auf Vermögenswirksamen Leistungen (VL). Ob und wie viel der Betrieb seinen Beschäftigten als Zuschuss gewährt, steht im jeweiligen Tarifvertrag oder in einer Betriebsvereinbarung. Schätzungsweise rund ein Drittel von etwa 20 Millionen Anspruchsberechtigten steht ohne VL-Vertrag da und lässt damit regelmäßig Geld verfallen. Da manche Arbeitgeber bis zu 40 Euro pro Monat gewähren, können das mehrere Tausend Euro sein.

Ein VL-Vertrag läuft bis zu sieben Jahre, die sich aus sechs Jahren Spar- und bis zu einem Jahr Wartezeit zusammensetzen. Oft sind es allerdings ein paar Monate weniger, weil der Vertrag nicht am 1. Januar beginnt. Wer zum Beispiel am 1. Mai 2021 mit dem Sparen beginnt, zahlt die letzte Rate am 1. April 2027 ein. Der Vertrag ruht dann bis zum 31. Dezember 2027. Nicht alle berechtigten Beschäftigten können frei entscheiden, welchen Vertrag sie abschließen wollen. In manchen Branchen macht der Tarifvertrag klare Vorgaben, etwa in der Metallindustrie, wo alles in die betriebliche Altersvorsorge fließt.

Wichtig zu wissen: Bestimmte VL-Sparverträge werden vom Staat gefördert. Sparzulage gibt es für Aktienfondssparpläne, für Bausparverträge und für die Tilgung eines Baukredits. Für Bausparverträge gibt es außerdem die Chance auf Wohnungsbauprämie. Die Förderung ist allerdings an bestimmte Voraussetzungen gebunden (siehe Checkliste rechts).

Für Stiftung Warentest sind Aktienfondssparpläne am attraktivsten, vorzugsweise mit günstigen ETF (siehe auch Kasten S. 143):

Sie bieten die höchsten Renditechancen, sind staatlich besser gefördert als die anderen VL-Verträge, und die Einkommensgrenzen für die Förderung liegen höher. Gerade für ethisch-ökologisch engagierte Anleger sind auch VL-Sparpläne auf aktiv gemanagte Aktienfonds interessant, da einige von ihnen recht strenge Maßstäbe erfüllen. Wer mag, kann seine Verträge auch einfach stehen und seine Ersparnisse darauf liegen lassen. So lassen sich VL-Aktienfondssparpläne auch als Altersvorsorge einsetzen.

Checkliste

In fünf Schritten zu VL

Der Weg zu Vermögenswirksamen Leistungen (VL) ist einfach.

☐ **Nachfragen.** Fragen Sie in der Personalstelle oder beim Betriebsrat, ob Ihnen Vermögenswirksame Leistungen zustehen und – wenn ja – in welcher Höhe.

☐ **Anlageform.** Überlegen Sie, welche Anlageform für Sie infrage kommt. Die besten Renditechancen bieten Aktienfonds, allerdings müssen Sie hier mit Kursschwankungen zurechtkommen. Banksparen und Bausparen sind sicher, aber weniger lukrativ. Bei einigen Anbietern können Sie einen Baukredit tilgen.

☐ **Sparzulage.** Je nachdem, wie viel Sie verdienen, haben Sie Anspruch auf staatliche Förderung. Arbeitnehmersparzulage gibt es für Aktienfonds, Bausparverträge und die Tilgung eines Baukredits. Beim Bausparen haben Sie außerdem die Chance auf Wohnungsbauprämie.

☐ **Vertragsabschluss.** Wenn Sie sich für eine VL-Variante entschieden haben, schließen Sie den Vertrag ab. Die Durchschrift des Vertrags geben Sie in Ihrer Personalabteilung ab.

☐ **Aufstocken.** Sie können die VL aufstocken oder ganz aus eigener Tasche zahlen. Das lohnt sich, wenn Sie Anspruch auf staatliche Zulagen haben wollen (Riester-Verträge). Das Geld muss jedoch vom Arbeitgeber überwiesen werden.

Hilfe

Fachbegriffe erklärt

Bonität. Kreditwürdigkeit eines Unternehmens, eines Staates oder auch eines Bankkunden oder einer Bankkundin. Gute Bonität bedeutet hohe Kreditwürdigkeit.

Direktversicherung. Einer von sechs möglichen Wegen der betrieblichen Altersvorsorge in Deutschland. Dabei schließt die Firma bei einem in Deutschland zugelassenen Versicherer eine Kapitallebens- oder Rentenversicherung mit dem Arbeitnehmer oder der Arbeitnehmerin als versicherte Person ab. Dabei zahlt die Firma für die Mitarbeitenden meist im Wege der Entgeltumwandlung bis zu 4 Prozent des Bruttolohns bis zur Beitragsbemessungsgrenze der gesetzlichen Rentenversicherung (West) steuer- und sozialabgabenfrei in die Versicherung ein. Sowohl Firma als auch Mitarbeitende sparen so Abgaben. Im Gegenzug sind Kapital- und Rentenleistungen aus der Direktversicherung später in voller Höhe zu versteuern.

Doppelbesteuerungsabkommen. Entgegen dem Wortsinn soll ein Doppelbesteuerungsabkommen (DBA) die zweifache Besteuerung ein und desselben Einkommens in zwei Staaten verhindern. Deshalb lautet die korrekte Bezeichnung dafür „Abkommen zur Vermeidung der Doppelbesteuerung". Die Bundesrepublik Deutschland hat solche Verträge mit 100 Staaten auf der Welt geschlossen.

Europäische Zentralbank (EZB). Die EZB ist Bestandteil des Europäischen Systems der Zentralbanken (ESZB), zu dem neben ihr die Zentralbanken der Mitgliedsstaaten der Europäischen Union (EU) gehören, also auch die EU-Zentralbanken außerhalb der Eurozone. Hauptaufgabe der EZB ist es, die Geldmenge zu steuern und für ein stabiles Preisniveau zu sorgen. Daneben können sie und das ESZB die Wirtschaftspolitik der EU und der Einzelstaaten mit geldpolitischen Maßnahmen unterstützen, solange das Ziel der Preisniveaustabilität dadurch nicht gefährdet wird.

Exchange Traded Commodity (ETC). ETC sind börsengehandelte Wertpapiere, mit denen Anleger auf Rohstoffe setzen können. Im Unterschied zu ETF handelt es sich bei ETC nicht um Fonds, sondern um Schuldverschreibungen. Das heißt, das Geld der Anleger ist bei einer Pleite des Emittenten nicht als Sondervermögen vor dem Zugriff der Gläubiger des ETC-Anbieters geschützt.

Exchange Traded Fund (ETF). Börsengehandelte Fonds. In der Regel bilden ETF einen Index ab. Es gibt auch ETF, die keinen Index abbilden. Umgekehrt wiederum gibt es auch Indexfonds, die keine ETF sind. Für ETF gelten im Vergleich zu anderen Fonds höhere Anforderungen an den Börsenhandel. Ein oder mehrere sogenannte Market Maker müssen an der Börse für bestimmte Ordergrößen verbindliche An- und Verkaufskurse stellen. Das – zusammen mit weiteren Regeln – soll gewährleisten, dass ETF so liquide und präzise bewertet wie möglich an der Börse gehandelt werden können.

Fonds. Gemeinschaftliche Kapitalanlagen, werden auch als Investmentfonds bezeichnet. Viele Anleger zahlen Geld in einen gemeinsamen Topf. Fondsgesellschaften bündeln das Geld in einem Sondervermögen. Das Fondsmanagement legt es nach der jeweiligen Anlagestrategie an. Die Anlegenden werden Miteigentümerinnen und Miteigentümer am Fondsvermögen und erhalten Fondsanteile. Sie haben Anspruch auf die Fondserträge, die zum Beispiel aus Dividenden, Zinsen oder Kursgewinnen stammen.

Fondspolice. Auch fondsgebundene Versicherung genannt. Sie ist eine Kombination aus Fondsanlage und Versicherung. Im Unterschied zur herkömmlichen Lebens- oder privaten Rentenversicherung bleibt das Geld der Sparenden nach Abzug der Kosten nicht zur Kapitalanlage durch die Versicherung, sondern fließt in Fonds.

Geldmenge. Unter Geldmenge versteht man den Geldbestand einer Volkswirtschaft. Geldmengen können durch Geldschöpfung im Rahmen der Kreditvergabe durch Geschäftsbanken erhöht und durch die Tilgung von Krediten gesenkt werden. Die Steuerung der Geldmenge gehört zu den Aufgaben der Zentralbanken.

Indexfonds. Fonds, der einen Index abbildet, zum Beispiel den Dax oder den MSCI World. Da dadurch aktive Managemententscheidungen überflüssig werden, nennt man Indexfonds auch passive Fonds. Zu den bekanntesten Indexfonds zählen ETF, wobei nicht alle ETF Indexfonds sind und umgekehrt auch nicht alle Indexfonds ETF. Aber die Schnittmenge ist so groß, dass die Begriffe oft – nicht ganz korrekt– synonym gebraucht werden.

Jahresnettokaltmiete. Hierbei handelt es sich um die Summe aller Mietzahlungen in einem Jahr abzüglich der Betriebskosten, also zum Beispiel Heizung, Versicherungen, Hausverwaltung etc. Sie ist neben dem vom Ort der Immobilie abhängigen Vervielfältiger einer der Faktoren, den Marktwert einer Immobilie zu schätzen.

Korrelation. Sie beschreibt den Zusammenhang zwischen zwei Messgrößen, zum Beispiel dem Aktienindex MSCI World und dem Goldpreis. Bewegen sich beide immer genau gleichläufig, beträgt die Korrelation 1, bewegen sie sich genau entgegengesetzt, beträgt die Korrelation minus 1. Ein Wert von 0 bedeutet: Es gibt keinen Zusammenhang. Viele Geldanlegende suchen eine Mischung von Anlagen, die wenig oder negativ korreliert sind, weil das Schwankungen im Portfolio glättet. Korrelation heißt nicht, dass auch ein Ursache-Wirkungs-Zusammenhang besteht.

Nachrangdarlehen. Wer einem Unternehmen ein Nachrangdarlehen gibt, der tritt in der Reihenfolge der Gläubiger absichtlich und bewusst hinter die erstrangigen Gläubiger zurück. Diese werden bei der Rückzahlung des Darlehens immer zuerst bedient, auch im Insolvenzfall. Nachrangdarlehen werden aufgrund des höheren Risikos besser verzinst als erstrangige Darlehen. Verbraucherinnen und Verbraucher bekommen bei Crowd-Finanzierungen von Immobilien, auch Crowd-Lending (Schwarmleihe) genannt, Nachrangdarlehen angeboten und sollten sich bewusst sein, dass die Rückzahlung sich verzögern oder ganz ausfallen kann.

Pensionsfonds. Ein Pensionsfonds ist einer von sechs möglichen Wegen der betrieblichen Altersvorsorge in Deutschland, oft mit vergleichsweise hohem Aktienanteil. Er erbringt kapitaldeckungedeckte Leistungen der betrieblichen Altersversorgung für einen oder mehrere Arbeitgeber zugunsten von Arbeitnehmern. Dabei darf er die Höhe der Leistungen oder die dafür zu entrichtenden künftigen Beiträge nicht garantieren. Er muss außerdem die Altersversorgungsleistung als lebenslange Zahlung oder als Einmalkapitalzahlung erbringen. Eine Altersrente kann mit einem teilweisen Kapitalwahlrecht von maximal 30 Prozent verbunden werden. Vor allem die Beschäftigten von Großunternehmen können Pensionsfonds nutzen.

Pensionskasse. Eine Pensionskasse ist einer von sechs möglichen Wegen der betrieblichen Altersvorsorge in Deutschland. Sie ist der Direktversicherung sehr ähnlich. Der Unterschied liegt in der Historie: Pensionskassen kamen ursprünglich für die betriebliche Altersvorsorge in Großunternehmen und im öffentlichen Dienst zum Einsatz und wurden von diesen betrieben. Die Direktversicherung hingegen war und ist unternehmensunabhängig und wird von Lebensversicherern angeboten. Inzwischen verschwimmen diese Grenzen: Es gibt auch unternehmensübergreifende Pensionskassen und solche, die von Lebensversicherern betrieben werden.

Performance. Der englische Ausdruck für Wertentwicklung. Im Unterschied zur Rendite, die normalerweise auf Jahresbasis angegeben wird, misst die Performance die Wertsteigerung oder den Wertverlust für einen beliebigen Zeitraum – das kann ein Monat sein oder zehn Jahre. Die mehrjährige Performance ist nicht einfach die Summe der Jahresrenditen, da dies den Zinseszinseffekt ausblenden würde. Verdoppelt sich ein Anlagekapital innerhalb von zehn Jahren, so beträgt die Performance 100 Prozent, aber die durchschnittliche Jahresrendite ist nicht 10 Prozent, sondern knapp 7,2 Prozent.

Progressionsvorbehalt. Einkünfte, die dem Progressionsvorbehalt unterliegen, werden selbst nicht besteuert. Sie erhöhen aber den Steuersatz, da bei der Ermittlung der Progression so getan wird, als ob Steuerzahlende ein steuerpflichtiges Einkommen inklusive dieser Einkünfte erzielt hätte. Im ersten Schritt werden für das Einkommen einschließlich der steuerfreien Einkünfte die Einkommensteuer und der durchschnittliche Steuersatz ermittelt. Im zweiten Schritt wird der so ermittelte Steuersatz auf das Einkommen ohne die steuerfreien Einkünfte angewendet. Ein typisches Beispiel für solche Einkünfte ist das Arbeitslosengeld 1.

Realzins. Das ist grob gesagt der Nominalzins einer Anlage abzüglich der Inflationsrate. Diese Aussage ist mathematisch aber nicht ganz exakt. Die richtige Formel lautet:

$$\text{Realzins} = \left(\frac{1 + \dfrac{\text{Nominalzins in \%}}{100}}{1 + \dfrac{\text{Inflationsrate in \%}}{100}} - 1 \right) \times 100$$

Der Unterschied zwischen der überschlägigen und der genauen Berechnung bei 8 Prozent Inflation und 2 Prozent Nominalzins beträgt 0,44 Prozentpunkte.

Rendite. Die Rendite zeigt an, mit wie viel Prozent pro Jahr eine Geldanlage gewachsen ist. Sie entspricht der durchschnittlichen, aufs Jahr heruntergebrochenen Wertentwicklung. Bei der Berechnung der Rendite von Fonds werden die Kurs- und Preisänderungen sowie sämtliche Ausschüttungen berücksichtigt, ebenso sämtliche laufenden Kosten. Die Rendite wird in Prozent angegeben. Steuerliche Aspekte sowie Kaufkosten seitens der Anlegenden bleiben bei Fonds hingegen außen vor.

Rückkaufswert. Kündigt ein Versicherungsnehmer oder eine -nehmerin eine Lebens- oder Rentenversicherung, hat er oder sie Anspruch auf den Rückkaufswert. Zu diesem Preis kauft der Versicherer die künftigen Rechte aus dem Vertrag zurück, sei es eine Kapitalauszahlung oder eine Rente. Der Rückkaufswert ist geringer als der tatsächliche Wert der Police, weil der Versicherer davon als Entschädigung für die Kündigung einen Abschlag abziehen darf. Wie hoch der Rückkaufswert wäre, wenn sie kündigten, erfahren Kundinnen und Kunden durch die jährliche Standmitteilung oder jederzeit durch eine Anfrage beim Versicherungsunternehmen.

Umlaufrendite. Die Umlaufrendite ist eine Durchschnittsrendite für Anleihen, die am Markt handelbar sind. Sie ist ein Indikator für das Zinsniveau. Je nach Definition bezieht sie sich zum Beispiel nur auf zehnjährige Bundesanleihen oder verschiedene Arten von Anleihen mit unterschiedlichen Laufzeiten. Die Deutsche Bundesbank etwa errechnet ihre Umlaufrenditen von auf Euro lautenden Anleihen gewichtet nach deren Marktwert und mit mindestens vierjähriger Laufzeit sowie mindestens dreijähriger Restlaufzeit.

Unterstützungskasse. Eine Unterstützungskasse ist einer von sechs möglichen Wegen der betrieblichen Altersvorsorge in Deutschland. Sie kann in Form einer GmbH, eines eingetragenen Vereins oder einer Stiftung organisiert sein. Da eine Unterstützungskasse auf ihre Leistungen keinen Rechtsanspruch gewährt, unterliegt sie nicht der Versicherungsaufsicht und ist in der Anlage ihres Vermögens frei. Bei von der Firma pauschal dotierten Kassen ist es üblich, dass die Zuwendungen zum Aufbau der Versorgung in die Firma zurückfließen und dort investiert werden. Bei rückgedeckten Kassen werden die vom Arbeitgeber zugesagten Versorgungen in der Regel vollständig durch Rückdeckungsversicherungen abgedeckt.

Volatilität. Die Volatilität ist ein Risikomaß. Sie gibt die Schwankung der Wertentwicklung an und misst Abweichungen vom Trend. Je größer die Volatilität einer Anlage, desto höher der Stress für viele Anlegerinnen und Anleger.

Wertentwicklung. Siehe Performance.

Zertifikat. Auch als Anlagezertifikat bekannt. Ein Zertifikat ist rechtlich gesehen eine Schuldverschreibung, also eine Anleihe. Ihre Wertentwicklung hängt von der Entwicklung eines Basiswertes ab. Bekannte Beispiele sind Indexzertifikate, Discount-, Bonus- und Hebelzertifikate.

Die günstigsten Depotanbieter auf einen Blick

So viel kostet ein kleines Wertpapierdepot mit nur einem ETF zu 12 000 Euro mit einer Order pro Jahr, Ordergröße 2 500 Euro. Die Kosten von größeren Depots finden Sie jederzeit gegen Entgelt auf unserer Website unter test.de/depotkosten.

Anbieter	Depotname	Bundesweit	Preis pro Jahr (Euro)
Top-Ten-Internetdepots			
Smartbroker	Depot	■	5
Flatex	Depot	■	6
Onvista Bank	Festpreis-Depot	■	7
Santander Consumer Bank	Wertpapierdepot	■	8
BBBank	Depot[1]	■	10
DKB	DKB-Broker[1]	■	10
Deutsche Bank Maxblue	Depot	■	11
NIBC Direct	EinfachInvestDepot	■	11
Targobank	Direkt-Depot / Klassik-Depot[1]	■	11
Hypovereinsbank	Smartdepot	■	12
Top-Ten-Filialdepots			
Santander Consumer Bank	Wertpapierdepot	■	18
Leipziger Volksbank	Onlinedepot mit Beratung[1]	☐	22
Postbank	Depot	■	31
BBBank	Depot[1]	■	35
Hamburger Sparkasse	Haspa Klassikdepot[1]	☐	42
Deutsche Apotheker- und Ärztebank	Apoklassik Depot[1]	■	43
Hamburger Volksbank	Depot	☐	43
Kreissparkasse Köln	Depot[1]	☐	49
Deutsche Bank	db Privatdepot Comfort	■	52
BW Bank	Depot WP komplett[1]	☐	54

1) Voraussetzung für die Eröffnung eines Wertpapierdepots ist ein bankeigenes Girokonto.   ■ = Ja.   ☐ = Nein.   Stand: 1. Januar 2023

Die Kosten für ETF-Sparpläne

Die Tabelle zeigt, was Banken und Broker für Depot und Sparplanausführung berechnen. Aus Platzgründen listen wir nur die Anbieter, bei denen Sie aus mehr als 200 ETF wählen können.

Anbieter und Depotmodell	Jährlicher Depotpreis für aktiven ETF-Spar-plan (Euro)	ETF-Sparpläne im Angebot (Anzahl gesamt)	Monatli Mindest (Euro
Onlinedepots			
1822direkt-Aktiv-Depot	0,00	1062	25
Comdirect Depot	0,00	927	25
Consorsbank Wertpapierdepot	0,00	1081	10
Deutsche Bank Maxblue	0,00	334	25
DKB-Broker [2]	0,00	1003	50
Finanzen.net Zero Depot	0,00	530	25
Finvesto Depot Basis / Depot [3]	20,00 / 36,00 [4]	1203	10
Flatex Depot [7]	0,00	1400	25
Hypovereinsbank Investmentdepot	0,00	650	25
ING Direkt-Depot	0,00	840	1
S Broker DirektDepot	0,00	699	20
Santander Consumer Bank Wertpapierdepot	0,00	1266	25
Scalable Capital Free Broker	0,00	2000 [8]	1
Smartbroker Depot [9]	0,00	647	25
Trade Republic Depot	0,00	2000 [8]	1
Onlinedepots bei Fondsbanken (über Fondsvermittler)			
Ebase Flex Basic / Flex Select / Flex Standard [10]	20,00 / 36,00 / 48,00 [10]	1203	10
FIL Fondsbank FFB Fondsdepot	0,25 % (mind. 25 €, max. 50 € + 0,10 %) [12]	921	25
Fondsdepot Bank Fondsdepot Online	30,00	1015	25
Beratungsdepots bei Filialbanken			
Hypovereinsbank Investmentdepot	0,00 [16]	650	25
Santander Consumer Bank Wertpapierdepot	0,00	1266	25

1) Euro und/oder Prozent der Rate 2) Voraussetzung für die Eröffnung eines Wertpapierdepots ist ein bankeigenes Girokonto.
3) Im „Depot Basis" kann nur eine Depotposition geführt werden, ab 2 Depotpositionen landet man im Depotmodell „Depot".
4) Der erste Wert gilt für das Depotmodell „Depot Basis", der zweite für das Depotmodell „Depot".
5) Bei Fonds, die nicht in Euro notieren, fallen zusätzliche Kosten für die Umrechnung in Euro an.
6) Die Berechnungen gelten für das Depotmodell „Depot Basis".
7) Im alternativen Depotmodell „Prime Broker" sind in der monatlichen Pauschale von 2,99 Euro unbegrenzt viele Wertpapierorders ab einem Ordervolumen von 250 Euro über die Börse gettex und alle Ausführungen von ETF- und Aktien-Sparplänen enthalten.
8) Mehr als 2 000 sparplanfähige ETF sind erhältlich.
9) Im Depotmodell „Flex Basic" kann nur eine Depotposition verwahrt werden, bei zwei Depotpositionen landet man im Depotmodell „Flex Select", ab drei Positionen im Depotmodell „Flex Standard".

Für eine langfristige Sparplan-Anlage bietet sich ein thesaurierender ETF an. Bei ausschüttenden Fonds ist die direkte Wiederanlage der Dividendenzahlungen empfehlenswert.

Reguläre Kosten pro Sparplanausführung [1]	Gesamte Jahreskosten (Prozent) für Depot und Sparplanausführung bei Monatsraten von ...		
	50 Euro	**200 Euro**	**500 Euro**
1,50 % (1,50 € bis 14,90 €)	3	1,5	1,5
1,50 %	1,5	1,5	1,5
1,50 %	1,5	1,5	1,5
1,25 %	1,25	1,25	1,25
1,50 €	3	0,75	0,3
0,00 €	0	0	0
0,20 % [5]	3,53 [6]	1,03 [6]	0.53 [6]
0,00 €	0	0	0
1,50 %	1,5	1,5	1,5
0,00 €	0	0	0
2,50 %	2,5	2,5	2,5
0,85 €	1,7	0,42	0,17
0,00 €	0	0	0
0,20 %, mind. 0,80 €	1,6	0,4	0,2
0,00 €	0	0	0
0,20 % [5]	3,53 [11]	1,03 [11]	0,53 [11]
0,20 % [5, 13]	4,42 [14]	1,30 [14]	0,67 [14]
0,50 % [5, 15]	5,5	1,75	1
2,00 %	2	2	2
0,85 €	1,7	0,42	0,17

10) Der erste Wert gilt für das Depotmodell „Flex Basic", der zweite Wert für das Depotmodell „Flex Select" und der dritte Wert für das Depotmodell „Flex Standard".   11) Die Berechnungen gelten für das Depotmodell „Flex Basic".
12) 0,10 Prozent für ETF-Positionen zusätzlich zum Grundverwahrentgelt.   13) Beraterprovision, die vom Fondsvermittler rabattiert werden kann.
14) Gesamtkosten hängen vom Volumen ab. Angegebene Jahreskosten basieren auf dem Mindestdepotpreis.
15) Bei unterstellten durchschnittlichen Zusatzkosten der Abwicklungsstelle (ATC) von 0,30 Prozent. Bei Weltaktien-ETF liegen die ATC im Regelfall niedriger.
16) Für die Positionen aus ETF-Sparplänen fallen keine Depotgebühren an. Enthält das Depot weitere Positionen aus Einmalanlagen, kostet das Depot mindestens 48,00 Euro jährlich.   Gelb markiert sind die günstigsten Angebote.
Stand: 1. Januar 2023

Diese Aktien-ETF sind erste Wahl

Die Tabelle bietet eine Auswahl der besten breit gestreuten Aktien-ETF, mit denen Sie Ihr Pantoffel-Portfolio bestücken können. Sie eignen sich besonders gut für die Basisanlage, auch für Börsen-Neulinge. „Aktien-ETF Welt" enthalten nur Aktien von Industrieländern wie den USA oder Deutschland. „Aktien-ETF Welt inklusive Schwellenländer" beinhalten auch zu einem kleinen Teil Aktien von Schwellenländern wie Brasilien, Südafrika oder China. Diese ETF sind noch breiter gestreut als Aktien-ETF Welt, sind aber durch die Beimischung von Schwellenländern etwas riskanter.

Fonds mit einem T in der Anmerkungsspalte legen die Erträge des Fonds – zum Beispiel Dividenden – gleich wieder an und sind für Anlegende deshalb bequemer als die mit A markierten Fonds, die die Erträge ausschütten. Anlegerinnen und Anleger müssen sich dann selbst und aktiv um die Wiederanlage kümmern. Bis auf wenige Ausnahmen können Sie sogar Ihre Vermögenswirksamen Leistungen (VL) mit diesen Fonds besparen.

Anbieter	Index	Anmerkungen	Isin
Aktien-ETF Welt			
Amundi	MSCI World	Ⓣ, VL	LU 168 104 359 9
Amundi Lyxor	MSCI World	Ⓐ, VL	FR 001 031 577 0
HSBC	MSCI World	Ⓐ	IE 00B 4X9 L53 3
Invesco	MSCI World	Ⓣ, VL	IE 00B 60S X39 4
iShares	MSCI World	Ⓣ, VL	IE 00B 4L5 Y98 3
UBS	MSCI World	Ⓐ, VL	LU 034 028 516 1
Vanguard	FTSE Developed	Ⓐ, VL	IE 00B KX5 5T5 8
Xtrackers	MSCI World	Ⓣ, VL	IE 00B J0K DQ9 2
Aktien-ETF Welt inklusive Schwellenländer			
Amundi Lyxor	MSCI ACWI	Ⓣ, VL	LU 182 922 021 6
iShares	MSCI ACWI	Ⓣ, VL	IE 00B 6R5 225 9
SPDR	MSCI ACWI	Ⓣ	IE 00B 44Z 5B4 8
SPDR	MSCI ACWI IMI	Ⓣ	IE 00B 3YL TY6 6
Vanguard	FTSE All-World	Ⓐ, VL	IE 00B 3RB WM2 5

Ⓣ = Thesaurierend: Thesaurierende Fonds sammeln die Dividendenerträge im Fonds an. Sie eignen sich besonders gut für die Altersvorsorge, weil Sie so vom Zinseszinseffekt profitieren und Sie sich nicht um die Wiederanlage der Erträge kümmern müssen.
Ⓐ = Ausschüttend: Ausschüttende Fonds schütten die Dividendenerträge regelmäßig an die Anlegerinnen und Anleger aus. Sie kommen vor allem infrage, wenn Sie die Erträge verbrauchen möchten.
VL = Diese ETF sind VL-fähig.

Reihenfolge nach Alphabet. Quellen: FWW, Refinitiv, eigene Erhebungen   Stand: 1. Januar 2023

Die besten nachhaltigen Aktien-ETF

Sie wollen keine Atomkraft, keine Kriegswaffen und Militärgüter, keine Tierversuche für Kosmetik in Ihrem Portfolio? Dann bietet Ihnen die Nachhaltigkeitsbewertung von Finanztest eine Orientierung. In der Tabelle unten finden Sie die besten nachhaltigen ETF. Sie sind bequemer und kostengünstiger als die aktiv gemanagten Fonds, erreichen allerdings nur eine mittlere Nachhaltigkeit (3 von 5 Punkten). Da sie bestimmte Unternehmen ausschließen, decken sie nicht den Markt in seiner vollen Breite ab. Die Angebote streuen aber das Anlagerisiko hinreichend, sodass sie als Risikobaustein für ein Pantoffel-Portfolio geeignet sind.

Anbieter	Index	Grad der Nachhaltigkeit	Anmerkungen	Isin
Nachhaltige Aktien-ETF Welt				
Amundi	MSCI World SRI Filtered PAB	Mittel	Ⓣ, VL	LU 186 113 438 2
Amundi Lyxor	MSCI World Select ESG Rating and Trend Leaders	Mittel	Ⓣ, VL	LU 179 211 777 9
BNP Easy	MSCI World SRI S-Series PAB 5% Capped	Mittel	Ⓣ	LU 161 509 221 7
iShares	MSCI World SRI Select Reduced Fossil Fuels	Mittel	Ⓣ	IE 00B YX2 JD6 9
UBS	MSCI World SRI Low Carbon Select 5% Capped	Mittel	Ⓣ, VL	IE 00B K72 HJ6 7
Nachhaltige Aktien-ETF Welt inklusive Schwellenländer				
UBS	MSCI ACWI SRI Low Carbon Select 5% Capped	Mittel	Ⓣ	IE 00B DR5 547 1

Die größten offenen Immobilienfonds

Alle hier aufgelisteten Fonds sind seit Jahrzehnten am Markt erhältlich und haben demzufolge auch die Immobilienfondskrisen überstanden.

Anbieter	Name	Anmerkungen	Isin
Deka	ImmobilienEuropa	Ⓐ	DE 000 980 956 6
Commerz Real	Hausinvest	Ⓐ	DE 000 980 701 6
Union	UniImmo Deutschland	Ⓐ[1]	DE 000 980 550 7
Union	UniImmo Europa	Ⓐ	DE 000 980 551 5

1) Kann in großem Umfang außerhalb Deutschlands investieren.

Geeignete Gold-ETC

Sie wollen in Gold investieren, legen keinen Wert darauf, das Edelmetall auch physisch zu besitzen? Dann sind Gold-ETC ein geeignetes Vehikel für Ihr Investment. Die beiden folgenden ETC sind nach Einschätzung von Finanztest dafür gut geeignet. Auf Wunsch können Sie sich das Gold gegen Entgelt sogar physisch ausliefern lassen.

Produkt	Isin	Emittent[1]
Euwax Gold II	DE 000 EWG 2LD 7	Börse Stuttgart Securities
Xetra-Gold	DE 000 A0S 9GB 0	Deutsche Börse Commodities

1) Gesellschaft mit beschränkter Haftung (GbmH); Stand 1. Januar 2023. Quelle: FWW, eigene Erhebungen und Bewertungen

ETF mit Inflationsschutz

Mit diesen Fonds sollte sich beschäftigen, wer nicht nur auf inflationsgeschützte Bundesanleihen setzen möchte. Anders als bei den Bundesanleihen lässt sich aber keine Breakeven-Inflationsrate berechnen, ab der sie rentabler sind als traditionelle Anleihenfonds.

Anbieter	Index		Isin	Rendite (% p.a.)	
				5 Jahre	1 Jahr
Amundi Lyxor	Bloomberg Euro Inflation-Linked (Series-L)	Ⓣ	LU 165 049 128 2	0,8	−9,4
Amundi Lyxor	Bloomberg Euro Inflation-Linked (Series-L)	Ⓐ	LU 165 049 179 5	–	−9,4
Amundi	Markit iBoxx EUR Inflation-Linked	Ⓣ	FR 001 075 412 7	0,7	−9,3
iShares	Bloomberg Euro Government Infl.-Linked	Ⓣ	IE 00B 0M6 2X2 6	0,7	−9,5
Xtrackers	Bloomberg Euro Government Infl.-Linked	Ⓣ	IL U02 903 582 24	0,7	−9,5

Ⓐ = Ausschüttend   Ⓣ = Thesaurierend   Quellen: FWW, Refinitiv, eigene Berechnungen   Stand 30. September 2022

Inflationsgeschützte Bundesanleihen

Diese Wertpapiere gleichen die Inflationsrate automatisch aus. Sie sind aber gemessen an herkömmlichen Anleihen erst dann ein lohnendes Geschäft, wenn die tatsächliche Inflation über der erwarteten Inflation liegt. Die ändert sich dauernd mit der Rendite.

Isin	Fälligkeit	Kupon	Rendite Inflationsanleihe	Rendite vergleichbare normale Anleihe	Erwartete Inflation
DE 000 103 0567	15. April 26	0,10%	−0,80%	1,91%	2,73%
DE 000 103 0559	15. April 30	0,50%	−0,37%	2,03%	2,41%
DE 000 103 0583	15. April 33	0,10%	−0,21%	2,14%	2,35%
DE 000 103 0575	15. April 46	0,10%	−0,18%	2,23%	2,42%

Stand 2. November 2022

Stichwortverzeichnis

Der Autor: Thomas Stoll ist Wirtschaftsjournalist und hat Volkswirtschaftslehre in Köln studiert. Er arbeitete unter anderem für Finanztest, das Wirtschaftsmagazin Capital und als Chefredakteur mehrerer Bankenmagazine. Seit Mitte 2022 ist er als freier Autor tätig.

© 2023 Stiftung Warentest, Berlin

Stiftung Warentest
Lützowplatz 11–13
10785 Berlin
Telefon 0 30 / 26 31 – 0
Fax 0 30 / 26 31 – 25 25
www.test.de
email@stiftung-warentest.de

USt-IdNr.: DE 136 72 55 70

Vorstand: Hubertus Primus
Weitere Mitglieder der Geschäftsleitung:
Dr. Holger Brackemann, Julia Bönisch, Daniel Gläser

Programmleitung: Niclas Dewitz

Autor: Thomas Stoll
Projektleitung: Ursula Rieth
Lektorat: Heike Plank
Korrektorat: Christoph Nettersheim
Fachliche Unterstützung: Karin Baur, Renate Daum, Uwe Döhler, Simeon Gentscheff, Katharina Henrich, Bostjan Krisper, Tom Krüger, Stephan Kühnlenz, Stephanie Pallasch, Jörg Sahr, Max Schmutzer, Yann Stoffel (Finanztest) sowie Dominic Eser, Fachreferent für Steuerrecht, Lohnsteuerhilfe Bayern e. V. Gießen
Titelentwurf: Josephine Rank, Berlin
Layout, Grafik, Satz, Bildredaktion: Büro Brendel, Berlin
Bildnachweis: GettyImages 2, 3, 8, 18, 36, 50, 68, 86, 102, 122; Ralph Kaiser 16; Umschlag: getty images (U1, U4 rechts Richard Drury; U4 links Israel Sebastian)
Infografiken/Diagramme: Florian Brendel 2, 3, 10, 12, 27, 28, 30, 32, 39, 40, 53, 71, 73, 82, 89, 90, 91, 97, 101, 106, 113, 117; René Reichelt 3, 77, 139, 141
Produktion: Vera Göring, Christian Königsmann
Verlagsherstellung: Rita Brosius (Ltg.), Romy Alig, Susanne Beeh
Litho: tiff.any, Berlin
Druck: DCM Druck Center Meckenheim GmbH

ISBN: 9-783-7471-0639-6

Wir haben für dieses Buch 100 % Recyclingpapier und mineralölfreie Druckfarben verwendet. Stiftung Warentest druckt ausschließlich in Deutschland, weil hier hohe Umweltstandards gelten und kurze Transportwege für geringe CO_2-Emissionen sorgen. Auch die Weiterverarbeitung erfolgt ausschließlich in Deutschland.